ÉTICA E EDUCAÇÃO

Dados Internacionais de Catalogação na Publicação (CIP)

C395e   Gomes de Souza, Rudson Edson.

Ética e educação / Rudson Edson Gomes de Souza. –
São Paulo, SP : Cengage, 2016.

Inclui bibliografia.
ISBN 13 978-85-221-2916-4

1. Educação – Ética. 2. Estudantes – Educação moral.
3. Valores. 4. Família. 5. Administração pública –
Ética. I. Título.

CDU 37:17
CDD 370.114

Índice para catálogo sistemático:
1. Educação: Ética   37:17
(Bibliotecária responsável: Sabrina Leal Araujo – CRB 10/1507)

ÉTICA E EDUCAÇÃO

∴ CENGAGE

Austrália • Brasil • México • Cingapura • Reino Unido • Estados Unidos

Ética e educação

Conteudista: Rudson Edson Gomes de Souza

Gerente editorial: Noelma Brocanelli

Editoras de desenvolvimento: Gisela Carnicelli, Regina Plascak e Salete Guerra

Coordenadora e editora de aquisições: Guacira Simonelli

Produção editorial: Fernanda Troeira Zuchini

Copidesque: Sirlene M. Sales

Revisão: Vânia Helena L. G. Correa, Luicy Caetano de Oliveira e Juliana Alexandrino

Diagramação: Alfredo Carracedo Castillo

Capa: Estúdio Aventura

Imagens usadas neste livro por ordem de páginas:

CristinaMuraca/ Shutterstock; Matej Kastelic/ Shutterstock; marekuliasz/ Shutterstock; Freud/ Shutterstock; Andresr/ Shutterstock; Bloomua/ Shutterstock; UMB-O/ Shutterstock; Creativa Images/ Shutterstock; kurhan/ Shutterstock; Stuart Miles/ Shutterstock; Pressmaster/ Shutterstock; rangizzz/ Shutterstock; PHOTOCREO Michal Bednarek/ Shutterstock; LeksusTuss/ Shutterstock; Ryan DeBerardinis/ Shutterstock; Elena Schweitzer/ Shutterstock; docstockmedia/ Shutterstock; murphy81/ Shutterstock; Digital Genetics/ Shutterstock; tezzstock/ Shutterstock; alphaspirit/ Shutterstock; Kiselev Andrey Valerevich/ Shutterstock; alphaspirit/ Shutterstock; ra2studio/ Shutterstock; retrorocket/ Shutterstock; Jirsak/ Shutterstock; Ollyy/ Shutterstock; Tom Wang/ Shutterstock; Vasilyev Alexandr/ Shutterstock; TijanaM/ Shutterstock; Rawpixel.com/ Shutterstock; Lyudmyla Kharlamova/ Shutterstock; chrisdorney/ Shutterstock; Nicku/ Shutterstock; Rawpixel.com/ Shutterstock; Iculig/ Shutterstock; PathDoc/ Shutterstock; Rob Hyrons/ Shutterstock; alexmillos/ Shutterstock; Fleckstone/ Shutterstock; Creativa Images/ Shutterstock; Creativa Images/ Shutterstock; Mark Skalny/ Shutterstock; Digital Storm/ Shutterstock; albund/ Shutterstock; AlexRoz/ Shutterstock; tankist276/ Shutterstock; LeventeGyori/ Shutterstock; maximmmmum/ Shutterstock; Stocksnapper/ Shutterstock; Andrei Shumskiy/ Shutterstock; Lonely/ Shutterstock; Sarawut Aiemsinsuk/ Shutterstock; Sergey Nivens/ Shutterstock; bikeriderlondon/ Shutterstock; NotarYES/ Shutterstock; Rawpixel.com/ Shutterstock; corgarashu/ Shutterstock; Mi.Ti. / Shutterstock; Pincasso/ Shutterstock; Bacho/ Shutterstock; Andrey Burmakin/ Shutterstock; Maslowski Marcin/ Shutterstock; murphy81/ Shutterstock; Alexandru Nika/ Shutterstock; schatzy/ Shutterstock; Bacho/ Shutterstock; wrangler/ Shutterstock; Lightspring/ Shutterstock; patpitchaya/ Shutterstock.

© 2016 Cengage Learning Edições Ltda.

Todos os direitos reservados. Nenhuma parte deste livro poderá ser reproduzida, sejam quais forem os meios empregados, sem a permissão por escrito da Editora. Aos infratores aplicam-se as sanções previstas nos artigos 102, 104, 106, 107 da Lei nº 9.610, de 19 de fevereiro de 1998.

Esta editora empenhou-se em contatar os responsáveis pelos direitos autorais de todas as imagens e de outros materiais utilizados neste livro. Se porventura for constatada a omissão involuntária na identificação de algum deles, dispomo-nos a efetuar, futuramente, os possíveis acertos.

Esta editora não se responsabiliza pelo funcionamento dos links contidos neste livro que possam estar suspensos.

Para permissão de uso de material desta obra, envie seu pedido para
direitosautorais@cengage.com

© 2016 Cengage Learning Edições Ltda.
Todos os direitos reservados.

ISBN 13: 978-85-221-2916-4
ISBN 10: 85-221-2916-9

Cengage Learning Edições Ltda.
Condomínio E-Business Park
Rua Werner Siemens, 111 - Prédio 11
Torre A - Conjunto 12
Lapa de Baixo - CEP 05069-900 - São Paulo - SP
Tel.: (11) 3665-9900   Fax: 3665-9901
SAC: 0800 11 19 39

Para suas soluções de curso e aprendizado, visite
www.cengage.com.br

Impresso no Brasil
Printed in Brazil

Apresentação

Com o objetivo de atender às expectativas dos estudantes e leitores que veem o estudo como fonte inesgotável de conhecimento, esta **Série Educação** traz um conteúdo didático eficaz e de qualidade, dentro de uma roupagem criativa e arrojada, direcionado aos anseios de quem busca informação e conhecimento com o dinamismo dos dias atuais.

Em cada título da série, é possível encontrar a abordagem de temas de forma abrangente, associada a uma leitura agradável e organizada, visando facilitar o aprendizado e a memorização de cada assunto. A linguagem dialógica aproxima o estudante dos temas explorados, promovendo a interação com os assuntos tratados.

As obras são estruturadas em quatro unidades, divididas em capítulos, e neles o leitor terá acesso a recursos de aprendizagem como os tópicos *Atenção*, que o alertará sobre a importância do assunto abordado, e o *Para saber mais*, com dicas interessantíssimas de leitura complementar e curiosidades incríveis, que aprofundarão os temas abordados, além de recursos ilustrativos, que permitirão a associação de cada ponto a ser estudado.

Esperamos que você encontre nesta série a materialização de um desejo: o alcance do conhecimento de maneira objetiva, agradável, didática e eficaz.

Boa leitura!

Prefácio

É bem verdade que o caminho do indivíduo somente pode ser escolhido por ele. Entre o certo e errado existem valores subjetivos que pontuarão a opção de cada ser.

O ensinamento de tais valores são estabelecidos no seio familiar e na convivência social, mas a escola tem participação fundamental na consolidação da decisão a ser tomada pela pessoa.

Os valores sociais no âmbito de determinada cultura são transmitidos pela instituição de ensino que, apesar de desprezar tendências muitas vezes voltadas à religião ou costumes isolados, apresenta ao indivíduo as bases que sedimentam a convivência pacífica entre os pares, nas relações interpessoais.

O que se questiona é como essa tarefa é executada.

O material ÉTICA E EDUCAÇÃO pretende elucidar, por meio das suas 4 Unidades, questões como esta e outras recorrentes no meio da nossa convivência.

A Unidade 1 vai conceituar, antes de qualquer coisa, o significado da Ética para, posteriormente, tratar das ações positivas na formação do caráter do aluno, da educação de futuros líderes e da ética e a virtude, com um cotejo acerca das responsabilidades da família e da religião.

Na Unidade 2 são apresentados assuntos como a gestão de negócios e mecanismos das relações sociais, além de trazer para debate as correntes filosóficas estipuladas por Karl Marx e outros.

A Unidade 3 vai apresentar a história e a filosofia da ética, da ética moderna e da construção dos valores às representações sociais contemporâneas.

Por fim, a Unidade 4 vai tratar do Estado Democrático de Direito e da Administração Pública.

A Ética norteia a atividade do ser humano. Essa é a razão da importância de conhecê-la melhor.

Bons estudos.

UNIDADE 1
A ÉTICA NA SALA DE AULA

Capítulo 1 A ética na sala de aula, 10

Capítulo 2 Conceituando ética, 11

Capítulo 3 Ações positivas na formação do caráter do aluno, 13

Capítulo 4 Provendo estratégias para o reconhecimento de princípios éticos, 16

Capítulo 5 A educação de futuros líderes: julgamento e concorrência, 19

Capítulo 6 Ética e virtude: a responsabilidade da família e da religião, 22

Capítulo 7 Considerações finais, 25

Glossário, 28

1. A ética na sala de aula

O campo de estudos da ética tem crescido consideravelmente desde a década de 1970. Embora seja verdade que esse tema inclui prioritariamente questões de ética médica, sua origem vai muito além de uma conduta específica, alcançando outros campos de atuação e profissionais das mais variadas áreas.

Trata-se de uma reflexão sobre mudanças mais profundas na sociedade e sua constante busca pelo entendimento de saldos globais provocados pela evolução científica e tecnológica. Além da difícil questão colocada pelas Ciências da Vida – qual seja a origem humana – surge a necessidade de acrescentarmos outras questões que dizem respeito à relação entre **ética**, ciência e liberdade.

Existe, nos dias de hoje, um debate internacional que dá suporte a um número crescente de práticas científicas além das fronteiras nacionais dos países, buscando estabelecer diretrizes éticas universais que cubram todas as lacunas do campo da bioética e entendam a capacidade de se trabalhar para a emergência de valores comuns. Esse clamor flutua por laboratórios científicos renomados, universidades e, até mesmo, salas de aulas da **educação** básica, cursos técnicos e de capacitação profissional.

PARA SABER MAIS! A Bioética é um tipo de aplicação da ética que busca solucionar conflitos de natureza moral, quase sempre implicados por práticas na esfera das Ciências da Vida e da Saúde, do ponto de vista de um sistema específico de valores. Ver mais em: <www.ghente.org/bioetica/>. Acesso em: 8 dez. 2015.

A fragmentação de disciplinas do conhecimento, devido às necessidades de aprofundamento de problemas epistemológicos, concretos e historicamente registrados, muitas vezes promove a perda dos significados previamente pensados enquanto unidade. Cultivar a integração curricular e promover o relacionamento entre diferentes áreas pode, portanto, não representar uma regressão, mas um contraponto eficaz para o processo histórico-científico.

A necessidade da reflexão sobre valores caracteriza o pensamento ético, buscando observar a capacidade que o indivíduo tem em problematizar continuamente as suas escolhas, expressando quais critérios são utilizados para a tomada de decisões e promovendo certo direcionamento às consequências de seu comportamento. Essas escolhas são o resultado de uma teia de elementos racionais e emotivos que, em um conjunto dinâmico e historicamente corporificado, materializa-se e se apresenta enquanto uma verdadeira consciência ética.

As instituições educacionais são o lugar onde o debate encontra a sua concretude e comparação, tornando a observação e a interpretação a tríade da pesquisa em geral. O contraponto interdisciplinar é também acompanhado pelo fenômeno da transdisciplinaridade, ou seja, um ajuste forte entre as diferentes áreas do conhecimento, levando ao surgimento de novas disciplinas concretas (por exemplo, Bioquímica e Bioética ou, dentro das disciplinas de Educação, Psicologia e Sociopedagogia).

A combinação de ética e educação pode adquirir especial ressonância social, servindo enquanto obstáculo crítico, em que muitas vezes a ética, a política e a pedagogia (com todas as formas de educação relacionadas a ela) estão alinhadas para o entendimento de correlações, complicações e dissonâncias.

Por essa razão, parece ser necessária uma reflexão mais forte e crítica sobre o papel da ética e da moral nas situações em que prevalecem a discordância acentuada e o conflito, ou seja, quando os seres humanos têm dificuldades para fazer suas escolhas.

A primeira pergunta que se faz recai diretamente sobre o conceito de ética, passando pelo que a une ou a diferencia da moral e como esses dois universos de sentido circulam e se relacionam nas diferentes áreas. Esse movimento é inevitável e essencial em uma época em que a colaboração cultural entre cientistas e operadores com diferentes habilidades, quando unidos, buscam resolver problemas semelhantes.

2. Conceituando ética

Como em qualquer tentativa de conceituação, várias são as ideias sobre as definições mais usuais para a palavra ética. Sua origem é grega – *éthos* –, e pode ser entendida como *costume,* quando a pronúncia da letra *e* é curta, tendo servido também como base para a palavra moral; pode significar *propriedades do* **caráter**, com o *e* longo, o que orienta a atual direção de seu significado. Em outras palavras, define-se como a investigação daquilo que é bom.

Abre-se aqui um parêntese para a observação de que ética e moral não são termos particularmente apropriados para serem utilizados enquanto sinônimos. E é, também, na origem grega da palavra *éthos* que Aristóteles deposita as suas investigações de fundo teórico-morais, denominada ética, enfatizando as propriedades boas e/ou más do caráter como sendo parte integrante e essencial dessas investigações.

Podemos considerar que a procedência dessa palavra pouco ou quase nada tem a ver com o que entendemos por ética. No latim, *éthos* foi traduzido por *moralis*, em que *mores* significa usos e costumes, o que, ironicamente, não corresponde nem à compreensão que temos de ética nem de moral. Estamos diante de um erro de tradução, uma vez que a ética aristotélica ocorre principalmente com o termo *éthos* com o *e* longo, estando à tradução latina atrelada erroneamente à palavra com o *e* curto, ou seja, costume.

Uma definição interessante, mais próxima de um objetivo do que propriamente de um conceito, sugere que, ao passo que o ser humano se realiza na esfera pessoal, a ética acontece enquanto facilitadora na busca de tal propósito e pretendendo realizar a perfeição no homem.

Pensadores como Foucault e Kierkegaard afirmavam que a arte de viver, elaborada por uma vivência bela, traduzia-se pela preocupação do que eles chamavam de ética dos gregos e que era considerada um tipo de estética.

De fato, a ética existe em todas as sociedades humanas e até mesmo entre grupos de animais mais próximos, o que nos leva a abandonar o pressuposto de que ela é unicamente humana. Pode ser um conjunto de regras, princípios e até mesmo formas de pensamento que pretendem nos guiar, ou chamam para si essa autoridade; relacionam-se com ações de um grupo em particular, entendendo-se por um estudo sistemático com argumentações sobre como devemos agir – a **filosofia** da moral.

Na relação entre as propriedades do caráter e de como devem ser as nossas ações quanto a isso, nasce uma confusão comum entre o que se entende por ética e por moral. Em nosso dia a dia usamos, indiscriminadamente, uma mesma linguagem para ambos os termos, na direção do melhor caminho a se realizar algo. Contudo, os significados são diferentes, pois remetem, no primeiro termo, ao agir de uma determinada maneira e, no segundo, ao bem ou ao mal.

Na prática, podemos observar dois casos: (1) um indivíduo qualquer prefere agir, em um determinado momento, porque ele considera que as consequências das suas ações serão melhores do que qualquer outra ação possível; ou, por outro lado, (2) há um padrão de como qualquer indivíduo deve sempre agir e porque não fazê-lo seria um ato errado ou mau.

O primeiro caso corresponde à ética. A ordem de preferências de cada indivíduo, em sua própria vida, percorre caminhos alternativos de ações, além de experiências futuras que, na verdade, são as consequências previstas. É relativa a cada ser humano, ou ser vivo, pois é limitada pelo tempo em um número específico de possibilidades, tornando-a contingente na medida em que outros indivíduos (ou ele próprio), em algum momento e em outras circunstâncias, podem optar por diferentes preferências.

O segundo caso remete ao termo moral, um dever permanente de cada indivíduo. Entende-se como sendo um critério absoluto e de valor obrigatório, ou seja, o bem ou o mal, e que deve ser seguido constantemente por todos, sem a dependência de circunstâncias. É determinada pelas normas de conduta de uma pessoa ou de um grupo.

Embora estejamos diante da conduta básica pessoal, ou seja, o que é ou não correto, justo ou injusto, e que pressupõe, por outro lado, um conjunto de normas e leis que definem práticas aceitáveis e comportamentos procedentes de uma reflexão teórica, tanto a influência moral quanto a ética governam as nossas ações, definindo-as. A diferença recai sobre ditames morais de padrões pessoais e critérios de atuação que, pela ética, são estabelecidos de maneira racional.

3. Ações positivas na formação do caráter do aluno

Ao longo das últimas décadas, tem ocorrido uma revolução silenciosa na Educação. Tendências como a aprendizagem colaborativa e chavões do tipo *a instrução deve estar centrada no aluno*, tornaram-se parte do léxico do ensino e já não são consideradas apenas teorias ou mesmo inovações. São comumente acordadas enquanto algumas das melhores práticas do âmbito educacional, juntamente com a aprendizagem medida a partir do progresso do aluno.

O ensino efetivamente acontece quando os alunos trabalham juntos e formam parcerias, ou seja, verdadeiras comunidades de sala de aula são intencionalmente projetadas. Os professores atuam enquanto facilitadores na busca da descoberta de significados, ideias, criatividade e pensamento crítico, nutrindo os alunos da mesma maneira como faziam com os princípios tradicionais de leitura, escrita e aritmética. Por outro lado, programas de educação que envolvem o caráter humano têm sido incluídos com mais lentidão nessa mesma linha de pensamento. Embora administradores das instituições e pesquisadores

dessa área estejam demandando incontáveis horas a fim de criarem formas interessantes e relevantes pa ra o ensino da moral e da ética, acontece de o corpo docente e de funcionários serem intimidados por acreditarem que terão apenas mais uma tarefa a ser feita diante de uma carga de trabalho já bastante intensa. Apesar dos esforços em torno da inserção dessa temática, a sociedade em geral sente, por vezes a sensação de que a iniciativa não está funcionando e se perguntam o que poderia ser feito para que esse processo avance.

> *ATENÇÃO! Para um programa de educação e ética ser bem-sucedido nas escolas e universidades, ele deve estar centrado e evoluir a partir do segmento mais importante da população escolar – os estudantes. Se os alunos estão no centro do processo e têm voz decisiva no desenvolvimento de políticas e programas, eles responderão melhor quando as ideias partirem dos seus pares, em vez de se materializarem apenas pelos professores ou administradores.*

Os alunos necessitam aderir e praticar essas normas por meio de comportamento respeitoso para com os administradores, professores, funcionários, visitantes, ou mesmo entre eles, dentro e fora do *campus*. Seja por declarações orais seja por documentos escritos, eles representam a instituição na qual estão ligados, e o desconhecimento de leis, códigos, ou outro tipo de documento normativo não pode servir como álibi para a prática de atos desonestos.

A honestidade acadêmica se materializa, sobretudo, em elevados padrões d e integridade, como no desenvolvimento de trabalhos acadêmicos caracterizados, principalmente, pela autoria. Outras atitudes que devem ser combatidas são o furto, ou a utilização desses materiais sem a autorização e a citação dos devidos créditos, assim como o fornecimento deliberado de informações falsas que induzem ao erro.

Alguns estudos defendem que o desenvolvimento de situações que envolvam valores éticos e morais deve ser trabalhado em todas as áreas do conhecimento, desde a formação do aluno em sala de aula, incluindo a observância de normas e/ou códigos de conduta de cada instituição de ensino.

O conceito de ética para fins acadêmicos e de pesquisa vai além do que se constitui enquanto moral, que remete ao conjunto de usos, práticas e costumes vigentes. Espera-se que o aluno seja capaz de desenvolver pesquisas e investigações que expliquem o porquê da existência de comportamentos e **virtudes** em agrupamentos que formam não apenas a academia, mas as comunidades sociais em geral.

O disciplinamento ético em todas as profissões deve começar desde a base profissional, o que remete às faculdades e universidades que formam os futuros profissionais. Algumas instituições incluem essa pauta em seus currículos, apresentando conceitos éticos e morais diretamente relacionados com o exercício de determinada profissão.

Ao compreender as implicações negativas que podem emergir de atos antiéticos, que ferem os códigos de conduta da instituição, os alunos percebem que obter vantagem por meio de práticas enganosas pode ser uma forma de autoengano. A ética acadêmica deve ser uma práxis, vivência que vai além do que ensinam os livros, mas que se encontra na própria existência humana.

4. Provendo estratégias para o reconhecimento de princípios éticos

Dentro do contexto educacional, a relação professor-aluno desenvolve-se sob uma perspectiva ética. Essa concepção é descrita na obra *Pedagogia da Autonomia*, de Paulo Freire, que vê o professor com postura de adequação ao que esse autor chama de "a ética universal do ser humano".

Nesse caso, a formação do professor entra em cena enquanto prática educativo-progressista, que leva o aluno ao desenvolvimento de sua autonomia, não restringindo o papel da instituição de ensino a um simples treinamento com vistas à construção de certas destrezas. Dessa forma, a prática docente leva em consideração o conhecimento ou saberes que os alunos trazem para a sala de aula, uma vez que o ser humano se constrói no seu contexto histórico com as

relações sociais. A influência exercida pelo professor sobre terceiros pode trazer tanto benefícios quanto malefícios na formação da identidade pela qual todos os discentes irão passar.

Freire destaca que uma postura ética correta não é compatível com o autoritarismo, comum à sala de aula, e sugere o estímulo à curiosidade que possibilite a construção do conhecimento e o desenvolvimento do pensamento crítico e autônomo. Isso não implica suprimir a hierarquia natural da relação professor-aluno nem eximir o docente da sua responsabilidade na mediação de conteúdos. É necessário trabalhar a superação, por parte do aluno, de uma consciência assistemática de percepções menores do cotidiano a fim de transformá-la em curiosidade epistemológica, que é mais complexa e profunda, dotada de certo rigor metódico.

Como a ideia do ensino universitário é tornar-se mais alinhado ao emprego do sujeito pós-universitário, questões como saber se é possível ensinar capacidades como o pensamento crítico, ou a reflexão ética, e como elas podem ser ensinadas, necessitam de nova e constante discussão. Essas questões se baseiam em como deve ser uma educação universitária ideal. Características como foco demasiado em conteúdos disciplinares, aquisição pura e simplista de conhecimentos ou aplicação de habilidades podem se tornar uma forma apenas instrumentalista do Ensino Superior que não condiciona os alunos a serem éticos ou a estarem dotados de reflexão crítica. Alguns professores, no entanto, questionam se ensinar ética se enquadra no seu papel de especialistas disciplinares.

Em se tratando diretamente dessa questão para o Ensino Superior, encontramos a relação entre ética (enquanto categoria geral do pensamento e da ação humana) e pensamento específico disciplinar em ação. Um grande debate crítico que vem acontecendo ao longo dos últimos trinta anos ou mais, recai sobre o fato de o pensamento crítico ser ensinado enquanto uma forma de lógica informal, ou se ele só pode ser fomentado dentro de formas (disciplinares) específicas do pensamento. Na verdade, a ética pode ser considerada como um meio avançado de pensamento crítico. Talvez a questão mais importante seja apenas como podemos ensiná-la.

Existem pedagogias que promovem a reflexão ética e a tomada de decisões, ou mesmo pedagogias que inibem ou impedem-nas? Surge, então, a velha questão de saber se a virtude pode ser ensinada e, em caso afirmativo, de quem é a responsabilidade. A sensação geral que se tem sobre virtude e ética é de que são de responsabilidade da família e da religião. Então, qual seria o papel da universidade na pesquisa especializada nas áreas de educação e ética? Apesar das barreiras, alguma forma de educação ética é essencial para os futuros líderes que devem aconselhar os outros e julgar reivindicações concorrentes.

O ensino, particularmente abordado no interior de diversas disciplinas, pode ajudar os alunos a lidar com questões éticas que eles não estariam equipados para enfrentar, a partir da perspectiva da moralidade ou de normas tradicionais. No geral, estudantes têm interesse em agir moralmente, mas não sabem como fazê-lo. É necessário entender se as reivindicações do relativismo moral decorrentes da diversidade e do pluralismo social contemporâneos enfraquece qualquer autoridade para o ensino da ética.

Os alunos são convidados a pensar utilizando-se de cenários que imitam a prática real, com *insights* da responsabilidade profissional, ética e moral, que são fundamentais, por exemplo, para as exigências dos processos formais de acreditação para o currículo de várias disciplinas. Outra questão importante recai sobre ensinar os alunos quanto à integridade da investigação, com honestidade e transparência em seus dados. Nesse caso, a ética não pode ser separada do trabalho de praticamente a totalidade dos profissionais, mesmo que, em alguns casos, a abordagem esteja apenas implícita.

O ensino sobre o desenvolvimento dos domínios emocionais e espirituais, bem como sobre o desenvolvimento intelectual, tendo em vista uma visão ampla de valores com influências de culturas, **tradição** e religiões diversas, poderia melhor ser ensinado nas escolas, sugerindo que uma forma adequada para ensinar ética seria fundamentando-a em experiências concretas, na observação reflexiva, conceituação abstrata e experimentação ativa.

A questão da ética na sala de aula precisa ser definida pelo docente em uma perspectiva mais ampla, em que a moral influencie decisões, por sua vez, avaliadas pelos seus resultados éticos. Devemos estabelecer um quadro para a compreensão das dimensões éticas em Educação. Talvez seja até mesmo necessário repensar a estrutura do currículo global universitário, ou mesmo da educação básica e técnica. A ênfase no desenvolvimento do raciocínio moral como um imperativo, principalmente na educação superior, requer uma compreensão de como os seres humanos em todo o mundo encontram-se interligados.

Módulos de aprendizagem relacionados à ética nos negócios devem ser abordados, a fim de apresentar aos alunos os quadros que problematizam questões éticas e os contextos em que são realizadas as tomadas de decisões. As questões éticas podem ser melhor abordadas a partir de múltiplas direções, invocando as perspectivas de um número variado de disciplinas, com a possibilidade de os alunos serem introduzidos com esse dilema em contextos com certo grau de dependência desse tema. Isso requer uma forma de ensinar por meio de situações e cenários em que a ética se torna parte de transações negociadas em situações complexas.

Diante do exposto, o preparo científico do professor é essencial para que o seu papel seja efetivamente cumprido, pois a sua ajuda não terá o efeito esperado se ele permanecer no campo das percepções simplórias do dia a dia. O respeito ao aluno, sua autonomia e dignidade, é um imperativo ético, da mesma forma que propor limites à sua liberdade no ambiente educacional também o é.

5. A educação de futuros líderes: julgamento e concorrência

A **liderança**, sob uma perspectiva ética, é responsável por colocar o ser humano no cerne do sistema de tomada de decisões compatíveis com os valores ideais de uma empresa. E é nesse campo dos negócios que a distinção entre ética e **moral** se define de maneira mais clara: se, a princípio, os dois conceitos se referem quase sempre à moral, ou comportamento social justo, a ética aparece agora enquanto a arte de pôr em prática os valores definidos pela moral.

Valores corporativos não podem ser colocados em prática a menos que a ética, ou método de conduta construído na empresa, possa garantir o respeito apropriado para esse tipo de prática. Nesse sentido, torna-se fundamental para o líder de uma empresa planejar o seu crescimento em longo prazo, em detrimento do esforço concentrado apenas em ganhos de curto prazo. Assim, a arte da liderança passa pela incorporação desses valores em seu comportamento.

Trabalhar a liderança é, antes de tudo, refinar o autoconhecimento, principalmente quando se está diante de situações estressantes, ou após tomarmos decisões pouco acertadas. De acordo com o nosso temperamento e a nossa personalidade, estamos sujeitos a diferentes tipos de medo.

Liderar a si mesmo é o primeiro passo para a solução de problemas relacionados aos negócios realizados com terceiros. Dentre alguns medos pessoais destacamos o medo de ser fraco, do conflito, da imperfeição, de não ser amado, do fracasso, de ser abandonado, de perder, da autoridade e da dor. O bom líder deve aprender a se adaptar e a gerir emoções por meio de um diagnóstico claro da realidade, além de muita disciplina e organização.

Transmitir entusiasmo e paixão, combinar ações, monitorar, controlar e processar a informação buscando o alcance de metas ou resultados e o trabalho em equipe são todos pontos de gerenciamento que devem fazer parte da agenda organizada por um líder.

Além do autocontrole, não existe ética de negócios sem o conhecimento do outro, uma vez que ela não é universal, mas está diretamente relacionada às pessoas e suas culturas. Assim, podemos compartilhar valores para criar vantagens competitivas reais. A mão invisível da **concorrência** garante o interesse de todos, pois o **julgamento** correto de interesses particulares resulta no interesse geral.

A concorrência e a ética podem caminhar juntas, embora a lógica da competição nas estratégias de gestão levante inúmeras críticas. Essa reação tem a sua legitimidade principalmente enquanto valor de alerta. A mudança de paradigma não pode ocorrer de forma satisfatória sem que haja um debate sobre as objeções ou a capacidade de resistência. Como em todas as esferas da sociedade, as necessidades de um líder perpassam por uma postura vigilante às inovações e, sob o pretexto da modernização e racionalização, se elas não são tão somente máquinas trituradoras da identidade humana.

A competição se torna um problema quando fazemos dela essa realidade sombria, de acordo com posturas inadequadas adotadas em relação à essa competitividade, da qual depende a qualidade e a sustentabilidade da resposta de um líder. O exercício desse julgamento interno pode ser um desafio ainda mais radical do que a própria escolha em si. Ele permite a atribuição de um lugar de direito para a concorrência, ao mesmo tempo em que incentiva a realização de um processo independente que acompanha a experiência da novidade à medida que ela se desenvolve.

O líder necessita incorporar, igualmente, tanto os parâmetros de concorrência para que determinado serviço seja eficaz e esteja ao alcance da maioria, quanto promover a integração dos parâmetros do dever e do cuidado para escolhas acertadas de gestão. A ética pode ser reconhecida como dimensão essencial da prática da boa liderança, aplicando-se a articulação poderosa de padrões competitivos e exigências éticas, viabilizando um projeto democrático.

A competição pode ser tanto uma situação objetiva quanto uma atitude subjetiva: a necessidade de o melhor vencer, e/ou o desejo de ser o melhor. Apenas a situação de concorrência não acionará automaticamente o desejo de entrar em uma competição, pois é necessário que haja um consentimento quanto ao assunto, ou seja, o competidor se compromete a ajustar a sua conduta e integrar os parâmetros para a ação.

A concorrência não pode ter um sentido inteiramente material, exterior ao homem, alienando assim a sua essência. Exige a participação ativa de cada protagonista, a aceitação das regras do jogo e estar disposto a emprestar a sua liberdade em nome da razão. Assim, a relação entre competição e ética deve ser tratada em termos de reconciliação e harmonização, nunca de confronto.

6. Ética e virtude: a responsabilidade da família e da religião

Entre as principais tendências que atualmente dominam a filosofia moral, tem-se o que é chamado de ética da virtude. Para Kant, a moral não pode ser definida a partir da felicidade, pois implicaria colocar o desejo como a base da própria moral. Ser feliz não está na maximização do prazer, mas em como uma pessoa procura, no curso de sua existência, a maior perfeição para o seu próprio eu. Virtude é, no sentido aristotélico do termo, uma forma de excelência que cada um tem na construção de si mesmo. Vê-se uma configuração ética que está centrada na articulação entre a virtude, a felicidade e de como se atingir esse ideal de perfeição. A felicidade não pode meramente constituir-se de honras, riqueza ou prazeres. Os prazeres, aliás, em seu sentido comum, não podem constituir a felicidade, porque nesse caso não seria diferente daquela em que aparece para atender também aos animais; isso implicaria em reduzir o homem a um ser irracional, ignorando a sua característica mais distintiva, a sua inteligência.

Aristóteles se engajou na tarefa de definir a felicidade humana e, para isso, ele recorreu a tudo o que considerava ser mais característico do homem – a sua racionalidade. A questão da ética não é abstrata, e não se trata de simplesmente saber o que é bom, o fim maior, mas o que é o fim, ou o bem do homem. Devemos olhar para o modo de ser bastante característico do homem, pois o que é considerado como bom para ele consiste em uma atividade da alma de acordo com a virtude, e em casos de múltiplas virtudes, de acordo com a mais perfeita dentre elas.

Existe um objetivo final e definitivo, a busca da virtude maior, que não se traduz na única atividade que caracteriza o objetivo de vida do homem, com a exclusão de qualquer outro valor. Há algumas ações em uma dosagem de alegria que, embora em um grau supostamente menor, caracterizam as atividades que procedem de virtudes éticas. A felicidade aristotélica, em seu sentido pleno, depende do alcance de uma virtud e mais perfeita, mas que implicitamente inclui condições menos perfeitas. Nesse caso, haveria a necessidade da existência de um elemento divino em nós, pois uma vez que esse elemento é superior ao composto humano, o homem deve, na medida do possível, se imortalizar, ou seja, fazer de tudo para viver de acordo com a parte mais nobre que está nele porque esse poder divino e seu valor excedem todo o resto.

A vida humana não pode ser medida apenas em termos de sua finalidade, qual seja uma vida virtuosa, ou bem-sucedida, mas se realiza plenamente somente na vida que é vivida. A virtude é o que acrescenta a perfeição para qualquer tipo de atividade humana. As paixões são movimentos transitórios de afetividade e o poder é a raiz ativa dos atos humanos. Hábitos podem ser bons ou ruins, porque eles são perfeições ou imperfeições das competências adquiridas livremente com o seu exercício.

Não há virtude moral quando há excesso ou defeito, pois ela também busca encontrar um meio termo, ou seja, o equilíbrio entre a abundância e a ausência. E o que parece intermediário do ponto de vista quantitativo pode ser ao mesmo tempo um extremo em qualidade, como um equilíbrio entre dois vícios, um por excesso e outro por padrão.

A virtude ética de Aristóteles está intimamente ligada à razão porque é essa que indica a falha e o excesso que devem ser evitados para se alcançar um equilíbrio, e constitui-se em hábitos voluntariamente adquiridos pela repetição de atos. A igualdade deve prevalecer na ordem das relações humanas, porque você tem de dar a todos o que lhe é devido, mas tendo em conta as suas qualidades naturais, a dignidade, as funções que carrega. A justiça é uma virtude que regula as relações com os outros homens e inclui a lei natural e as leis civis.

As virtudes intelectuais, que provêm da parte racional da alma humana, apontam para duas virtudes correspondentes: (1) aquela que é própria da razão prática, a prudência; (2) e a razão teórica, a sabedoria. A prudência é a qualidade prática do entendimento, com o qual o homem delibera corretamente, de modo a agir bem; a sabedoria está relacionada com as realidades mais elevadas e o exercício contínuo, a contemplação, o que seria,

segundo a visão aristotélica, a felicidade perfeita. O cuidado proporciona ao homem a verdadeira ética do conhecimento, que é saber em cada momento e em cada circunstância exatamente como se deve agir.

Para muitos, a filosofia grega atingiu a sua maturidade plena em Aristóteles, movendo-se a um patamar que, em muitos aspectos, não foi ultrapassado depois. Isso não significa que a doutrina aristotélica não apresenta muitos paradoxos. Como Platão, Aristóteles encontra dificuldades na hora de explicar a relação entre o material e o divino. Embora sublinhando a existência de uma lei pura, a causalidade dele sobre o mundo e sobre os seres humanos permanece obscura. O deus de Aristóteles não é um Deus criador; ele não poderia estar em outro lugar. Sua providência permanece como problemática, pois a imortalidade da alma, por exemplo, não foi resolvida de forma satisfatória e o silêncio sobre a origem e o destino do homem enfraquece a sua tese, pelo menos até certo ponto.

O diálogo entre a antropologia e tradições teológicas e filosóficas nos fornece a base para analisarmos caminhos para a paz em um mundo conturbado. Como a religião parece estar no cerne de muitos conflitos, torna-se evidente que a paz entre as nações parece também estar baseada na ética. Além disso, ao observarmos certos fundamentos éticos, notamos que a família em geral está resguardada por alguns desses preceitos.

Nos últimos anos, testemunhamos uma convergência em escala global, de povos e nações, através da ciência, novas mídias e tecnologias, e da globalização econômica. Essa nova realidade certamente abre muitas possibilidades, mas também pode trazer problemas que nem a ciência e tecnologia, nem a política e a economia são capazes de resolver. Como a ética está fortemente presente no campo das religiões, cabem a elas o diálogo e respeito mútuo, para explorar questões que afetam o bem-estar da humanidade, das corporações e instituições e, principalmente, da sua unidade fundamental – a família.

Carregadas de diferentes tradições, incluindo a procura comum de perspectivas e valores que permitem ao homem resolver os problemas do cotidiano relacionados à vida familiar e social, as tradições religiosas necessitam unificar o discurso em torno de questões que ameaçam a sociedade em geral, como: conflitos entre valores éticos tradicionais e o conceito moderno de liberdade individual; direitos e dignidade das mulheres na família e na sociedade; violência sexual, de gênero, étnica e crença; a marginalização e exclusão dos idosos e a exploração de crianças para o lucro e o prazer de adultos, entre outros.

A solução desses problemas requer que reafirmemos os princípios éticos de nossas respectivas tradições, pois a religião e a família, independentemente de divergências culturais, carregam em si normas e códigos que defendem a dignidade e a integridade dos seres humanos. Quando apresentam os valores éticos que valorizam os indivíduos e grupos, esses preceitos podem garantir a liberdade e dignidade genuínas no âmbito de uma sociedade saudável e estável, não como resultado de coerção imposta de fora, mas como uma necessidade interior, fundamentada na verdade objetiva individual.

A julgar por experiências bem-sucedidas em que a grande área cinzenta relativa à educação de valores é partilhada principalmente por um modelo multirreligioso que oferece aos cidadãos uma escolha de opções, como na Bélgica – incluindo a moral não religiosa – observa-se o direito garantido para aqueles que não desejam receber instrução religiosa denominacional. Esse regime opcional está longe de ser unanimidade, até mesmo por parecer difícil de ser organizado, mas procura suprir exigências ligadas às mudanças sociais e culturais, marcadas pela abertura à diversidade cultural e religiosa.

No Canadá, por exemplo, os indivíduos que optam pelo modelo alternativo, também seguem um plano de ações influenciadas, muitas vezes, por questões de ética aplicada ao exercício do julgamento moral, de práticas para a identificação de valores, de dilemas morais e, mais recentemente, de uma filosofia dirigida para as crianças. É importante frisar que pesquisadores têm mostrado em seus estudos sociológicos que muitos pais ainda preferem que os seus filhos tenham aulas de religião, apesar de sua perspectiva dogmática, porque acreditam em um tipo de diferencial que supostamente só seria transmitido nesse campo.

7. Considerações finais

Nossa sociedade está atravessando um período de transformações rápidas e profundas, ligadas à globalização e movimentos migratórios, o que exerce forte influência no setor educacional e, em especial, oferece novos desafios para as partes diretamente envolvidas. Essas mudanças estão carregadas de dilemas não só econômicos e políticos, mas também socioculturais e éticos. A educação ética e o pensamento crítico desempenham um papel fundamental na formação da maturidade dos indivíduos.

Buscamos distinguir a filosofia moral da filosofia da ética. A moral é regida pelos valores relativos, tais como o bem e o mal, justiça e injustiça, que variam entre os indivíduos, enquanto a ética é a definição de comportamento, aceitável ou não pela razão.

A presença da reflexão ética em cada aspecto de nossas vidas exige uma abordagem integrada, e que pode fazer parte da rotina de professores e educadores, pois eles têm o conhecimento e as habilidades necessárias para lidar com a integração coerente de valores no cotidiano das pessoas em razão do tempo dedicado às salas de aulas. Nesse contexto, a ética é percebida enquanto investigação e reflexão sobre as normas e os princípios que norteiam a ação humana; o conjunto de regras, costumes e morais que dirigem a nossa conduta e que está intimamente relacionada com os valores pessoais, profissionais e de direito.

Uma maneira de se evitar o perigo da doutrinação é incluir preceitos de valores éticos e morais nos programas educativos para incentivar a reflexão crítica, o diálogo e a autoconsciência. A percepção e aplicação desses valores pode tornar todo o sistema educacional mais estável, contribuindo diretamente para o bem-estar humano.

Dada a dimensão da educação global e intercultural com a ética, precisamos apoiar a investigação sobre a relação entre valores religiosos, culturais e éticos. O ensino/cumprimento de valores de conduta são iniciativas ricas em experiências que podem ser utilizadas de maneira sinérgica, seguindo uma abordagem que combine ética e educação. As implicações dessa relação podem ser interpretadas e conjugadas com abordagens teóricas e práticas, podendo ser realizadas em várias direções e com diferentes regras de interpretação em relação a diferentes paradigmas de referência.

A reflexão sobre uma possível crise moral presente em nossas relações sociais leva-nos ao raciocínio da relação entre ética e pedagogia, que só é possível mediante a assunção de opções quanto às direções, significados e valores que resultam em uma concretização da racionalidade, não como uma atitude puramente teórica, mas teórico-prática.

Nesse sentido, a prática da educação que os estudantes, principalmente universitários, enfrentam em suas pesquisas é resultado da efetiva multiplicidade de escolhas, não apenas teóricas, mas de eventos competitivos, em que a teoria e prática se unem na mediação de soluções. Além disso, educadores precisam reconhecer os elementos morais essenciais já presentes em todo o currículo, especialmente na literatura que consomem, na história que se discute, na ciência que se busca implantar, nos comportamentos que modelam e reforçam as relações que desenvolvemos, e nas virtudes que esses promovem a cada dia. Ignorar essa substância moral no interesse, talvez, da neutralidade, é simplesmente fugir da responsabilidade de educar pessoas, cujo pensamento tem algum conteúdo bem fundamentado.

Os profissionais da área de Educação assumem a responsabilidade pessoal do ensino das qualidades do caráter que irão ajudar os estudantes a avaliar as consequências e a aceitar a responsabilidade por suas ações e escolhas. Reconhecemos fortemente os pais como os educadores morais primários de seus filhos. No entanto, acreditamos que os educadores têm a obrigação de ajudar a fomentar virtudes cívicas, como integridade, diligência, responsabilidade, cooperação, lealdade, fidelidade e respeito pela lei, para a vida humana, para os outros e para si próprio.

Glossário – Unidade 1

Caráter – conjunto de qualidades mentais e morais que fazem uma pessoa distinta de outra.

Concorrência – evento em que as pessoas tentam ganhar alguma coisa por ser o melhor, o mais rápido etc.; atividade ou estado de competir; situação em que as pessoas ou empresas tentam ser mais bem-sucedidas do que as outras.

Educação – ato de ensinar e aprender em uma escola ou universidade; o processo de receber ou fornecer instrução sistemática, especialmente em uma escola ou universidade.

Ética – princípios morais que regem o comportamento de uma pessoa ou grupo; é o ramo do conhecimento que lida com princípios morais; sistema de crenças aceitas que controlam o comportamento humano, especialmente enquanto sistema baseado na moral; estudo do que é e do que não é moralmente correto.

Filosofia – estudo do fundamento do conhecimento, da realidade e da existência humana, especialmente quando considerada disciplina acadêmica; estudo ou escrita de ideias sobre o sentido da vida.

Julgamento – capacidade de tomar decisões que podem ser consideradas ou chegar a conclusões sensatas; infortúnio ou calamidade visto como um castigo divino; opinião sobre alguém ou alguma coisa depois de se pensar cuidadosamente; decisão oficial feita por um juiz; capacidade de tomar boas decisões ou de estar correto em suas opiniões.

Liderança – ação de liderar um grupo de pessoas ou uma organização; estar no controle de um grupo, país ou situação.

Moral – relaciona-se às crenças sobre comportamento bom e comportamento mau; princípios do que é certo e errado; refere-se à bondade ou maldade do caráter humano.

Tradição – costumes e crenças transmitidos de geração em geração ou o fato de ser repassado dessa forma; doutrina que acredita ter autoridade divina, embora não documentada nas escrituras sagradas; costume ou maneira de se comportar propagado por um longo período em um determinado grupo de pessoas.

Virtude – comportamento que apresenta altos padrões morais; boa qualidade que uma pessoa pode ter; qualidade útil.

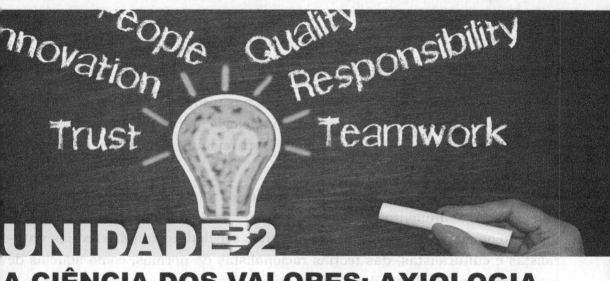

A CIÊNCIA DOS VALORES: AXIOLOGIA

Capítulo 1 Introdução, 30

Capítulo 2 Para além do estágio de arbitrariedade, 36

Capítulo 3 Aplicações individuais e interatividade familiar, 38

Capítulo 4 Gestão de negócios e mecanismos das relações sociais, 40

Capítulo 5 A ideologia marxista e a consciência axiológica, 43

Capítulo 6 Considerações finais, 46

Glossário, 48

1. Introdução

A noção de racionalidade axiológica aparece nas primeiras páginas da obra *Economia e sociedade*, de Max Weber, famosa tipologia que distingue as ações inspiradas respectivamente pela racionalidade instrumental, racionalidade axiológica, tradição e afetividade.

Embora muitas vezes incompreendida, pode ser interpretada como um esboço da teoria dos sentimentos normativos, que tem validade muito mais ampla do que as teorias alternativas. Essa teoria pode ser distinguida das teorias naturalistas e culturalistas, das teorias racionalistas de normas, como aquelas de inspiração funcional, ou das teorias originárias de vários ramos da tradição utilitarista. Ela evita o reducionismo das teorias naturalistas e culturalistas e resolve os paradoxos enfrentados por essas últimas.

A axiologia racionalista possibilita a explicação de fenômenos normativos que essas teorias atualmente em vigor não conseguem facilmente responder, sejam eles fenômenos de massa, como a atribuição de **valor** universalmente positivo ou negativo a determinados comportamentos, ou dados individuais retirados de pesquisas sociológicas.

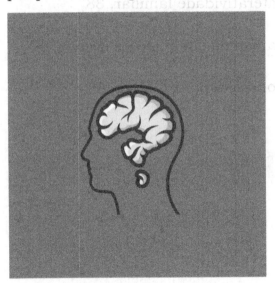

A causa da fraqueza das teorias racionalistas clássicas pode ser facilmente identificada, uma vez que reside no fato de assimilarem a racionalidade à racionalidade instrumental, ao passo que a própria noção de racionalidade axiológica indica que os fenômenos normativos não podem ser explicados por meio apenas desse segundo tipo. São duas formas complementares e essenciais de racionalidade. A concepção estreita desse termo que resultou de sua assimilação à racionalidade instrumental explica em parte o abuso que tem sido feito quanto às explicações irracionais de sentimentos normativos.

Assim como na Matemática, a **axiologia** consiste em ferramentas analíticas que podem ser localizadas em tempo real e completar uma determinada ação, agindo em qualquer momento pelo conhecimento de causa; trata-se de uma abordagem que leva em conta tanto as possibilidades de ação quanto os requisitos do ambiente, indo além do estágio de **arbitrariedade** – "eu quero, então, eu decido".

O método consiste em identificar, inicialmente, a credibilidade de certas necessidades, pois os nossos desejos nem sempre estão ligados à realidade e é necessária para a sua realização, a eliminação dos aspectos que podem não ser válidos; logo, expressamos, com precisão, as sucessivas decisões que nortearão a construção de especificidades que vão nos levar ao nosso alvo. Essa ação, combinada à reflexão, irá definir um procedimento válido.

As apreciações meramente pessoais, portanto, não fazem parte da axiologia, que detém a sua força precisamente na objetividade. Daí reside a dificuldade de sua implementação, pois, para se alcançar uma meta é necessário aprender a se desprender emocionalmente do que poderia ser ou não moral, a fim de se aproximar de um nível de objetividade que possa alcançar a perfeição. Seria como se imaginar capaz de saber quando, como e o que fazer em todos os momentos e sem nunca se enganar e, mesmo que as circunstâncias ou as opiniões provem o contrário, manter o curso e ter sucesso além de suas expectativas. Embora pareça utópico, é essa a crença maior que move a axiologia.

Também chamada de teoria dos valores (*axios* = valor) abrange, por um lado, o conjunto de ciências normativas e, por outro, a crítica da noção de valor em geral. O primeiro uso técnico da noção de valor vem da economia política e foi especialmente influenciado por Nietzsche, Lotze e Brentano, em termos filosóficos, mas os estudos sobre os valores são citados também em Platão, Santo Agostinho, Hume e Kant.

Outra crença afirma que, quando se está perdido, pode-se ou procurar um itinerário instintivamente (e se você está perdido, o instinto pode não ser muito confiável) ou usar pistas que irão redirecioná-lo. Da mesma forma, quando uma pessoa comete um vacilo na vida, ela pode confiar em seu instinto – o mesmo que a fez vacilar –, ou seguir de acordo com uma lógica definida por valores de registro que irá redirecioná-la –, a axiologia. Ela pode também ser aprendida antes mesmo de um indivíduo precisar utilizá-la, assim como se aprende a ler antes de se descobrir a literatura.

Essa ciência ensina o homem a encontrar pontos essenciais que o ajudem a se reorientar, e, o mais importante, para que ele identifique as influências que o levam a escolher ações que não trazem uma solução para as suas necessidades

ou que o façam apenas andar em círculos. Ele é levado a mover-se rapidamente, sempre avançando, e de forma independente, sem estar preso a um protocolo.

Existe uma lógica da vontade. Se o horizonte é uma linha transversal que não podemos alcançar, pois sempre está perpendicular a quem o observa, ir em direção a ele significa estar se movendo em um plano horizontal ao longo de um eixo direcional, que provém do observador, e segue para uma visão infinita na sua frente. Mesmo que o indivíduo mude a sua direção, o seu horizonte manter-se-á inalterado.

A axiologia funciona exatamente de acordo com esse princípio. Seu *modus operandi* constantemente permite mover-se na direção certa, em todos os momentos. A existência não é nada mais do que uma progressão gradual em direção a um objetivo específico que deve ser alcançado em absoluto. O que é e onde ele se encaixa em nossas vidas é, também, uma questão de tempo e espaço, simplesmente porque tudo o que se vai realizar só é possível se for compatível com esse objetivo.

O homem não sabe o seu futuro, que é, na verdade, seus horizontes pessoais, e o alcance da sua visão está situado em um caminho que muda a cada passo. Sua vida é uma progressão pedagógica, combinando reflexão, cronologia e lógica com o objetivo de equilibrar as forças e as fraquezas da personalidade. Ele

deve, então, avançar na direção de informações que os guiem ou o redirecionem, informações essas que obedecem a rigorosa sintaxe. Essa comunicação sensorial é acessível a todos, sem exceção, e é feita por meio de mensagens não verbais.

A comunicação não verbal, fundamento da axiologia, é essencial. O ser humano é constantemente confrontado por uma infinidade de interferências, na maior parte insignificantes e que, por isso, necessitam ser decodificadas.

Costuma-se considerar os pequenos prazeres da vida enquanto benefícios devidamente merecidos, mas quando esses benefícios assumem formas negativas, logo são seguidos de uma rejeição. A interpretação então feita é a de se considerar, com ou sem razão, que eles perturbam ou destroem uma decisão inquestionável.

> *ATENÇÃO! É necessário distinguir o verbal, que depende de nós, do não verbal, que decorre do nosso comportamento, admitindo ser o reconhecimento da comunicação não verbal que diferencia essa ciência de métodos intuitivos da psicoterapia. Ele também se posiciona radicalmente a todas as **teologias** ou teorias transcendentais. É esse recurso que irá explicar a incidência do não físico sobre a matéria, e é especialmente o princípio da análise que torna possível à axiologia explicar fenômenos psíquicos sem referência ao inconsciente ou ao divino.*

O não verbal é transmitido por tudo que compõe o nosso meio (pessoas, objetos ou meios de comunicação social). As confirmações ou contradições não surgem necessariamente quando se quer, mas quase sempre quando não se espera.

Por conseguinte, isso naturalmente leva à observação de que cada uma de nossas ações tem um impacto direto sobre o que vivenciamos. Por extensão, embora seja muito mais difícil de visualizar, devemos considerar que o mesmo efeito ocorre para as projeções que ainda não ocorreram – as nossas intenções. O papel de tal interferência, portanto, é o de facilitar ou parar um processo por meio do qual percebemos uma combinação de circunstâncias, de acordo com cada caso – encorajar ou opor-se à ação, e confirmar ou refutar a intenção.

Essa reação fornece uma indicação que é levada a cabo e serve para qualificar a informação, embora a sua compreensão possa vir a ser, num primeiro momento, limitada apenas a notar alguma forma de impedimento. A informação é caracterizada principalmente pelo fato de que está sujeita a qualquer influência ou a qualquer alteração partidária. Livre então de qualquer intervenção humana é, portanto, totalmente independente e perfeitamente confiável.

Assim, para qualquer pessoa há uma reação ativa e pessoal, ou passiva e impessoal, para cada um de seus comportamentos, independentemente da idade. Modulações da decisão, que leva a uma alteração da ação para se obter uma aproximação do resultado previsto, ou o final feliz, que gera uma mudança no caminho da sua existência.

Como na Matemática, um resultado parcialmente desenvolvido é um resultado falso e que se repete, podendo piorar com o tempo, até tornar-se um erro de apreciação que vai afetar os próximos resultados, e assim sucessivamente, podendo chegar a um tipo de desorientação crônica.

Isso corresponde, de forma concreta, às obrigações que surgem naturalmente ao aprendiz (você) em um contexto educacional (sua existência). Permanentemente, seguindo uma escala gradual, seguem-se cuidadosamente as instruções dadas quanto ao aprender a pensar de forma lógica; compreender o mecanismo da dificuldade e saber como superá-lo; confirmar o conhecimento em um nível prático por ser confrontado com uma situação real. O sujeito gerencia o conhecimento de acordo com o que gosta e, se necessário for, repete novamente toda a escala desse processo.

Os valores são, por conseguinte, qualquer coisa que possa servir como ponto de manutenção para o equilíbrio. Existe o alto, porque o baixo se contrapõe a ele, assim como a presa se contrapõe ao predador, então, o objetivo maior será o de sempre buscar o equilíbrio para lidar de forma justa com os excessos. Essa é a regra do jogo: nem muito fraco para não ser vulnerável, nem muito forte para

não esmagar (ou ser esmagado). Tudo o que o ser humano terá de informação para a sua vida irá oscilar entre o conhecimento biológico e a poluição intelectual. O desafio será aprender a classificar o que nos faz avançar sem ser atrapalhado por toda essa poluição.

O homem deve buscar esse comportamento sempre que for

exigido pelas circunstâncias da vida, caso contrário, não vai alcançar, ou vai demorar para atingir objetivos traçados e definidos, porque certas situações ou comportamentos, bons ou maus, se repetem de forma semelhante até que ele seja capaz de mover-se para uma próxima etapa. O trabalho da ciência das emoções é, portanto, livrá-lo de padrões poluentes que dificultam a busca ou o aproveitamento do seu potencial máximo. Ela pode trazer sentido às frustrações da vida cotidiana para que elas não se repitam, de modo que se possa contar com uma base de confiança para planejar o futuro.

Para que a vida funcione corretamente é necessário que haja uma boa **gestão** dos fenômenos emocionais. Em axiologia, não há vítimas inocentes, e o que acontece com um indivíduo não é mais culpa do outro que, na verdade, sempre terá alguma coisa a acrescentar. O homem aprende a controlar as suas emoções e a entender o significado dos seus problemas pessoais ou de relacionamentos, para saber como pode conseguir superar esses dilemas.

Esse aprendizado leva o ser humano a prosperar em seus valores, a fazer escolhas de acordo com demandas potenciais e a tomar decisões de forma objetiva na busca da definição de prioridades que acomodem as suas metas. Como a axiologia também é a ciência da linguagem não verbal, esses sinais não pertencem ao acaso. Eles são, de fato, as informações específicas que constantemente guiam o ser humano por toda a vida para que se compreenda estar no lugar certo, com a pessoa certa, o que e como fazer, se deseja continuar, ou até mesmo se é melhor aguardar.

ATENÇÃO! A comunicação permite ao indivíduo se familiarizar com as informações que chegam até ele, sendo capaz de gerir, por conta própria, os eventos diários e a superar as dificuldades em todas as circunstâncias.

A axiologia ajuda na tomada de decisões objetivas e pode ter aplicações em diversas direções, sendo as mais comuns e recorrentes: (1) soluções individuais, observando pontos fortes e fracos, certezas e dúvidas; (2) relações familiares, desde o comportamento da criança, a reação dos pais, até a comunicação familiar; (3) assistência às empresas, trabalhando aspectos como disputas, conflitos de interesses, relações internas, alteração ou promoção; e (4) gestão dos mecanismos de relacionamentos sociais, a interação e as relações entre indivíduos.

2. Para além do estágio de arbitrariedade

Durante o século V, a **democracia** desenvolvida na Grécia, centrada em Atenas, e os jovens, procuravam adquirir conhecimentos com a finalidade de ter sucesso na vida. Para ser bem-sucedido foi especialmente importante o uso da retórica. Os estudiosos foram pagos para instruir os jovens na arte da persuasão; esses estudiosos passaram a ser chamados sofistas. Até então, a filosofia grega em geral tinha lidado principalmente com a natureza, mas os filósofos passaram a entender que os problemas humanos não poderiam ser resolvidos apenas por meio da filosofia natural e, gradualmente, voltaram os olhos para os problemas da **sociedade** humana.

Eles logo perceberam que, enquanto as leis naturais são objetivas, as leis e a moral da sociedade humana se diferenciavam entre as diversas **culturas**, e em épocas distintas, sem objetividade aparente ou traço universal. Por essa razão, os sofistas vieram a ter uma posição cética em relação aos valores, abandonando qualquer esforço para encontrar soluções para os problemas sociais. Protágoras afirmou estar no homem a medida de todas as coisas, o que significa dizer que o padrão da verdade será diferente dependendo de cada indivíduo.

Nietzsche foi um dos pioneiros na defesa da subjetivação plena do conhecimento, com o estudo do que é aparente e do que se entende por arbitrário. Para ele, todos os modos de vida – até mesmo as formas não humanas – configuram uma subjetividade em ação. Trata-se de manifestação arbitrária, pois não remete a outro modo de vida, opondo-se à mecânica do tipo causa e efeito. Combate, portanto, o mecanicismo e caráter essencialista das ciências modernas e da metafísica.

Se o fluxo dos sentidos é arbitrário em absoluto, a irracionalidade ou arbitrariedade encontra-se no núcleo da cultura, pois a luta e o perspectivismo são propriedades do mundo cultural. A ideia que se tem de necessidade ética nega o destino histórico ou exigências conscientes das quais o homem é responsável, mas remetem às exigências que remontam ao caráter arbitrário de todos os acontecimentos, perceptíveis pela sensibilidade e prazer.

Parece haver certa insistência de Nietzsche quanto à arbitrariedade da imaginação, na irregularidade e na ausência de coerência nas metáforas perceptuais do ser humano. De qualquer maneira, mesmo que isso não seja um consenso entre os estudiosos nietzschianos, a análise das instituições jurídicas e/ou políticas, por exemplo, permite um reconhecimento racional, não arbitrário, de material de valores para qualquer prática social.

O universo humano é geralmente axiológico, constituído pela totalidade dos valores em torno do homem enquanto ser social e, sendo o nosso universo caracteristicamente humano, é, portanto, diferente da natureza. Os valores são percebidos através de formas gerais da cultura – bens culturais da nossa história social. Durante a sua existência, esses valores lutam entre si: alguns são vitoriosos e se impõem socialmente, enquanto outros simplesmente desaparecem. Essa luta é caracterizada por indivíduos em suas relações sociais, formulando juízos de valor e, por meio desses, realizando, selecionando e decidindo hierarquias.

A hierarquia de valor não é uma operação arbitrária, mas é executada na base de um princípio que também é um valor que deve ser desenvolvido, pois é ele quem melhor preenche as necessidades individuais e coletivas do homem de acordo com circunstâncias sociais e históricas específicas.

Tal valor se torna um modelo ideal, segundo o qual os demais são julgados. Configura-se enquanto modelo projetado por um indivíduo em sua cultura, concentrando todas as energias das suas emoções, vontades e do intelecto. Todas as fases da maturidade do desenvolvimento individual e social nada mais são, portanto, que a busca de um valor ideal. Como envolve a ação, torna-se um motivo para o desenvolvimento pessoal e a melhoria da condição humana; são forças culturais que moldam todas as culturas e civilizações.

Para o bom desempenho de valores individuais ou sociais, faz-se necessário um contínuo e complexo processo de educação que irá orientar os reflexos dos valores que uma sociedade considera como os mais elevados, em determinado período de tempo. Portanto, a filosofia dos valores busca ofertar um tipo de educação com objetivos e modelos ideais de ação, sendo o fator educacional um elemento fundamental para o desenvolvimento e a execução de valores ideais.

3. Aplicações individuais e interatividade familiar

Uma vida alegre (do grego *eudaimonia*) seria considerar a felicidade algo bom para o caráter. Faz-se necessário ver, ouvir e seguir o caráter, e ser fiel ao nosso padrão de imagem. Contudo, essa imagem modelo somente é alcançada quando somos capazes de olhar no espelho das nossas vidas. Somente a partir de uma visão elevada de nós mesmos e do próximo é que poderemos assegurar o equilíbrio e a felicidade pessoal. A origem da maioria das dificuldades pessoais é culpar o outro ou as circunstâncias. Esse é um mecanismo equivocado de defesa que resulta em uma profunda lacuna entre as aspirações e as realizações, uma vez que desencadeia um sentimento de culpa permanente por razões que não estão na origem do problema.

Para que o indivíduo alcance uma condição real de maturidade, ele necessita apagar o que, no entender da axiologia, não corresponde à sua personalidade. Métodos de regressão ou de análise do passado são absolutamente inúteis e não apresenta nenhum efeito na duração de um tratamento que, muitas vezes, acontece em longo prazo. Não é possível superar dificuldades pessoais sem a visão totalmente objetiva do seu próprio comportamento. O olhar para si não é tarefa das mais fáceis, e a solução passa, necessariamente, pela aprendizagem da comunicação não verbal.

Com isso, torna-se possível a correção imediata ou melhoria da personalidade, uma segmentação potencial para explorar a melhor compreensão e superação de dificuldades de relacionamento existentes, ou futuras, em relação ao outro.

A axiologia chama a atenção para o trabalho com os problemas familiares comuns, o relacionamento entre casais e entre pais e filhos, uma vez que, em se tratando de ética e valores, a família continua a ser a mola propulsora básica dos conflitos e do próprio equilíbrio, entre o estágio individual e social.

Trabalhar a gestão do relacionamento do casal pode ser entendido como saber de fato o que é melhor para ambos, compreendendo claramente comportamentos e reações do parceiro e decidindo acabar com uma situação que pode estar fadada ao fracasso em vez de apenas se contentar em gerir uma dificuldade temporária.

A visão que se busca é a de como fazer para compreender tais questões, e deve-se continuar por determinado caminho, ou se a tomada de um novo rumo, diferente do anterior, é o que vai equilibrar a relação.

Esse novo rumo é uma oportunidade decisiva e não poderá ser desperdiçada. Geralmente, ocorre quando já não é mais fácil tomar a decisão correta, em uma fase da vida a dois em que as coisas são mais complicadas porque as circunstâncias apropriadas são deixadas de lado. Nesse momento, a axiologia é usada para o entendimento dessas circunstâncias, nomeadamente

quando uma oportunidade de equilíbrio se apresenta, permitindo preparar o indivíduo para compreender e agir da melhor maneira possível.

Um segundo dilema recai sobre a comunicação entre pais e filhos. Como os pais não são perfeitos, os filhos não podem ser totalmente isentos da razão.

Logo, os pais, que geralmente não querem ver os seus defeitos, têm a obrigação de corrigir essa falha pela tomada de consciência, por observação e comparação, tanto para o seu próprio desenvolvimento quanto para o pleno desenvolvimento da criança. Se o adulto se recusa a realizar tal questionamento, a criança vai crescer com defeitos que não são próprios dela, e, por sua vez, vai se parecer com os pais e ter filhos que se parecerão com ela, sem qualquer mudança, com a mesma falta de equilíbrio.

Desde muito pequena, a criança carrega informações precisas sobre os seus pais e precisam entendê-los, portanto, sem qualquer tipo de alteração ou interpretação equivocada. Essa comunicação visual não pode ser apresentada de forma aleatória. Ela está sujeita a regras estritas e precisas que permitem, por exemplo, que a axiologia trabalhe no aprendizado, na compreensão e na utilização dos melhores percursos de comunicação e interação entre pais e filhos ao longo de suas existências.

Ao passo que aprendem essa comunicação, movem-se em harmonia, resolvendo problemas de relacionamento e suavizando os conflitos, o que ajuda a estabilizar a tensa relação entre pais e adolescentes.

4. Gestão de negócios e mecanismos das relações sociais

No mundo, quando os conflitos entram em erupção, a troca de pontos de vista sobre situação política interna e externa é, geralmente, sombra de assuntos econômicos. Desde a década de 1970, questiona-se uma abordagem utilitarista e relativista dos negócios, argumentando-se que as regras da formalização são teoricamente inúteis, uma vez que os princípios que regem a vida coletiva devem resultar de um livre acordo entre os seus membros. Principalmente na Europa, a visão da ética nos negócios se apresenta geralmente mais filosófica (a empresa respeita mais o espírito que à letra da lei), axiológica (adere aos valores morais dando sentido à sua ação), contratual (contrato social entre as partes interessadas), de sociedade (envolve investimento direcionado ao desenvolvimento sustentável), específica (que luta contra a economia subterrânea, qual seja o trabalho infantil, assédio etc.).

A ideia central da democracia e da economia de mercado é produzir uma geração egocêntrica de pessoas com confiança suficiente para vencer em um ambiente extremamente competitivo, fortalecendo, por conseguinte, a filosofia do individualismo. Por outro lado, a axiologia pode apontar para a cooperação, no sentido de parceria e priorização do "nós" em detrimento ao "eu", que possibilita condições favoráveis ao desenvolvimento de relacionamentos sociais, o fundamento de uma sociedade saudável.

Pessoas individualistas e egocêntricas estão quase sempre desatentas ao meio ambiente e à ecologia, à vida em sociedade e, principalmente, às outras pessoas. Na prática, esse tipo de postura leva ao colapso das relações sociais que são fundamentais para o funcionamento de qualquer ser humano e da comunidade, nunca se excluindo o Estado. Principalmente para as sociedades ocidentais, urge a realização de discussões sérias e abertas sobre o assunto, a menos que queiram promover a sua desintegração interna.

Uma abordagem centrada em valores, nesse caso, busca a restauração de antigos dilemas como o "ter" ou o "ser". Queremos ser mais ricos materialmente ou espiritualmente (valores)? Esclarecer a substância dessas prioridades nas escolas e empresas é preparar as gerações futuras e alinhar valores práticos na população adulta do presente. O ser humano é tão bom quanto foi/é a sua educação e formação, e é marcado por valores, ideias e pelas virtudes que estão presentes nele.

Desse modo, assim como é utilizada na busca de soluções para conflitos individuais e familiares, a axiologia pode ajudar uma empresa a compreender interferências comuns do dia a dia. Ela pode detectar os detalhes que esclarecem um determinado projeto e maximizar a sua eficiência ou saber objetivamente a sua chance real de sucesso.

Por meio de métodos de análise lógica e cronológica essa abordagem atua nos seguintes aspectos concretos: (1) fornece uma visão ampla das situações em todas as circunstâncias, mesmo as emergências, ajudando a direcionar a solução mais adequada, o que elimina o estresse e a ansiedade; (2) facilita o trabalho, permitindo extrair naturalmente as suas prioridades e evitar o desperdício de tempo; (3) desenvolve documentos administrativos livres de imperfeições ou anacronismos; (4) ajuda a gerenciar a rotatividade de pessoal, compreendendo as relações pessoais ou na resolução de conflitos entre as pessoas; (5) permite que todos possam entender e definir se o lugar ocupado é o mais adequado; e

(6) vai além das circunstâncias imperiosas de forma segura, na tomada da decisão mais acertada.

O homem precisa ser educado de maneira a desenvolver uma personalidade forte que proporcione relações confiantes e positivas para com o outro, evitando, assim, vários problemas relativos à ética e aos valores de convivência nas relações sociais, como à questão da rivalidade.

Sendo os valores sociais mais abrangentes que os individuais, com base na realidade social, eles têm uma característica mais unitária e podem ser tão variados como a fonte de onde vêm. Em contraste com as condições sociais reais, os valores sociais são uma espécie de série gradual em função da sua proximidade com o tipo de ideal social. O processo de realização de valores, enquanto busca de um ideal, consiste na cultura intelectual e, como resultado, os valores sociais são também intelectuais. Têm uma característica prática, pois aparecem sob diferentes aspectos e podem ser alcançados em condições especificamente histórica, formal (política e jurídica) e econômica (condições materiais).

Valores sociais podem ser avaliados de acordo com um valor absoluto. Ambos os valores lógico-matemáticos ou teóricos e sociais ou práticos só podem ser executados dentro da sociedade. Nos valores formais prevalece o indivíduo, carregado por uma lógica de valores; dentro da segunda classe de valores, o social prevalece, e é carregado pela sociologia dos valores. A origem e função de valores sociais são influenciadas por fatores sócio-históricos e pelo meio. Ao contrário dos valores suprapessoais que são elementos intelectuais da consciência, valores sociais, que supõem mais emoção e vontade, são fatores ativos da vida social.

De fato, o valor em si pode ser visto como fenômeno social; é complexo e representa o objetivo de toda a vida social, que é o suporte de valores. A axiologia distingue duas grandes classes de valores sociais: os que são determinados pelas funções constitutivas e regulamentares da vida social, ou seja, os valores econômicos, jurídicos, políticos e éticos, e aqueles determinados pelo contexto em que a realidade social se afirma e se desenvolve – histórico, estético e religioso. Cada uma dessas duas classes inclui uma série de valores específicos ou especiais, e o conjunto desses oferece a noção de valor plural na vida social.

A realização prática do valor é, em geral, formas da cultura e são chamados de bens culturais. Contudo, entre a multiplicidade de valores com base em uma realidade social, poucos têm a sorte de serem realizados com sucesso, tornando-se conhecidos e aceitos. Outros serão rapidamente deixados de lado. Como resultado, em seus juízos de valor, a sociedade molda valores dentro de um processo contínuo de seleção e avaliação.

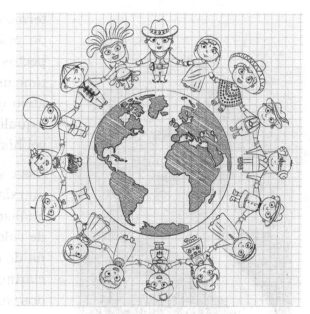

Compreender os objetivos sociais, percebendo as suas motivações e os meios para alcançá-los, são condições para uma correta compreensão e interpretação dos processos sociais. Essas operações supõem uma consciência teológica, chamada de consciência do objetivo e seu valor, e que nada mais é do que a capacidade do indivíduo em apreciar valores que reportam a um valor humano supremo, ou o valor supremo ideal.

5. A **ideologia** marxista e a consciência axiológica

Estudiosos marxistas estão cada vez mais iniciando processos para a elaboração de uma axiologia filosófica própria, buscando articular o significado do socialismo em termos verdadeiramente sociológicos. Tradicionalmente, a doutrina marxista tem estado muito ansiosa na tentativa de apresentar o socialismo e sua motivação como uma questão de previsão científica no lugar dos juízos de valor, de desejos, ou da proclamação dos seus ideais.

Uma análise mais acurada, no entanto, mostra que a compreensão marxista da prática social humana pressupõe algum esforço ativo em relação aos quais todos os objetos e circunstâncias da vida humana recebem um significado positivo ou negativo.

É apenas essa relação prática entre os seres humanos e o seu mundo (e de seu mundo para eles próprios) o que é conceitualmente captado por noção de valor. Do ponto de vista teórico, para a axiologia marxista todos os valores e relações de valor são entendidos estritamente em

Karl Marx.

termos antropológicos como componentes da prática humana e social e alguns aspectos particulares que objetos e circunstâncias assumem em relação ao esforço ativo dos seres e sua autoafirmação, que é qualitativamente determinada em um nível histórico definido.

Essa abordagem, de um ponto de vista marxista, se apresenta tanto como uma análise teórica das qualidades e relações de valor quanto, ao mesmo tempo, doutrina de envolvimento prático cujo objetivo é clarificar e reforçar a consciência socialista dos valores. A base de todas essas relações reside no sistema das necessidades humanas. De acordo com essa escola filosófica, esse sistema prova ser multidimensional, abrangendo como seu fundamento o complexo de necessidades materiais que estão por se satisfazer através do trabalho.

Contudo, as necessidades e exigências em relação às quais todas as relações sociais são caracterizadas como sendo digna ou indigna do homem, são igualmente importantes para os seres humanos. Finalmente, há também as necessidades peculiares básicas para as qualidades estéticas dos objetos, bem como para a liberdade (não imposta por necessidades naturais ou sociais). Aponta para uma síntese harmoniosa proporcionada pela satisfação da totalidade dos seres humanos. O socialismo não é apenas necessário e previsível, em um sentido científico, mas também valioso e desejável para as pessoas.

Ainda que vários autores, especialmente da corrente soviética como Tugarinov, Bakuradze, Vasilenko, dentre e outros, tenham elaborado os contornos dessa axiologia marxista, os adversários de tal empreendimento como Drobnickij contestaram, em maior ou menor grau, o valor e a legitimidade de tal teoria, o que eles consideram como sendo parte de uma maneira pré-científica do pensamento. No nível teórico, a especificação abstrata de tais relações de valor constitui uma separação artificial entre a unidade e a totalidade das relações humanas teórico-práticas para o mundo.

Contudo, essas contestações são refutadas e consideradas não convincentes porque o perigo de isolar os valores, ou apresentá-los como uma espécie de entidade eterna e substancial, pode ser inteiramente superada pela integração antropológica e sociológica na concretização do "aspecto de valor". Certamente, o desenvolvimento da axiologia no marxismo é uma tentativa de se criar um

contrapeso para o objetivismo científico tradicional da doutrina marxista, confirmando o direito das pessoas para julgar e agir subjetivamente sobre determinadas questões.

Ao estudarmos o significado e o conteúdo da teoria da subjetividade através da história, entendemos que o conceito de subjetividade na Grécia antiga remete ao "ser", sendo a fonte do significado e conteúdo da teoria da subjetividade. Marx substituiu a filosofia tradicional da subjetividade infinita absoluta pela subjetividade limitada. Essa substituição não é um simples processo de negação, baseado na subversão da metafísica ocidental. Percebida a mudança fundamental das formas de pensamento, por meio da introdução e interpretação do tempo e da história e a explicação razoável sobre eles, Marx verificou uma revolução na subjetividade tradicional e construiu a sua própria e nova teoria da subjetividade.

Na filosofia marxista os valores são o produto da atividade prática dos homens, das relações sociais, simplesmente porque expressam as necessidades da sociedade. A dupla natureza do valor, objetiva e subjetiva, também se reflete no fato de que esse está intimamente ligado às necessidades humanas, o que se deve a sua emergência e desenvolvimento.

Valores universais não são imutáveis, eles mudam em cada período da história e para cada sociedade em particular. Existe, ainda, um sistema de valores objetivamente formado, e que resulta da estrutura de relações econômicas e sociais que caracterizam a sociedade. Esse sistema não é definido em função dos interesses de qualquer indivíduo ou grupo social em particular, mas em função dos interesses de todos os entes das relações sociais. Qualquer foco nos valores deve carregar o homem como referência, o que, nesse ponto, aproxima essa nova teoria às várias posições filosóficas. No entanto, aqui, o conceito de homem responde a diferentes épocas e sociedades, e vai depender de fatores econômicos, sociais, históricos e culturais.

6. Considerações finais

A axiologia é a parte da filosofia que estuda os valores, buscando formular uma teoria que explica a existência e a validade de um mundo com uma produtividade humana que tem importância decisiva na vida dos homens e no seu desenvolvimento histórico-social. Essa palavra foi usada pela primeira vez no século XX por Lapie, e logo alcançou grandes pensadores alemães. A atual teoria dos valores tem concentrado os seus esforços em pesquisas de diferentes direções, especialmente naquelas que têm abordado o caráter absoluto e relativo dos valores.

Observamos que a axiologia científica é especialmente um método de equilíbrio emocional para identificar com precisão os motivos das frustrações ao longo de percursos diários e influências que afligem nas decisões do ser humano, como em seus relacionamentos. Entende-se como método confiável para reequilibrar a maneira de pensar do homem, despoluindo caminhos que os leva a encontrar as suas fronteiras essenciais.

Weber compartilha com Nietzsche o caráter perspectivista e agonístico da cultura. As vivências e as ações humanas carregam sentidos múltiplos com singularidade irredutível umas com as outras, expressando fins que são incondicionais ou irracionais. As metas ideais não são propósito de uma lei objetiva nem são o produto de um saber, consciente e autônomo. São meios de valoração subjetivamente fundamentados. O próprio perspectivismo considera o entendimento de princípios da subjetividade e da peculiaridade de ações ou interpretações.

O princípio weberiano de uma teoria da cultura que trabalha com os tipos ideais aceita a subjetividade e a singularidade como não estando separadas das ações humanas, correspondendo à tipificação da contestação de que todo o pensamento parte de um ponto de vista particular e idealizado, um atestado de que a objetividade não é um domínio da realidade, mas das representações teóricas. Como Nietzsche – embora menos radical e sem abrir mão das adequações sociais –, Weber também combate o mecanicismo clássico com o pensamento da multiplicidade e reciprocidade causal.

A controvérsia entre as interpretações materialista e idealista perde espaço ao passo que estudiosos de diferentes autores tomam apenas o que eles consideram valioso, buscando atingir certa aproximação entre as várias posições, tais como a marxista e as posições humanistas. O discurso positivista também perde força ao abraçar a ideia básica de que os valores não são uma abstração teórica, mas se baseiam em atividades práticas do homem em suas relações com o mundo.

A axiologia pós-moderna tem estado sob forte crítica dos especialistas em ética, por considerarem que falta produção científica relevante. A degradação ética está no vórtice do drama pós-moderno, vista no caos intelectual da sociedade internacional contemporânea. A tradição axiológica ligada a debates teóricos realizados em todo o mundo dão à educação um conjunto de valores e ideais concretos enquanto orientações para o desenvolvimento pessoal, individual e social e, portanto, para a evolução da cultura e da humanidade. Logo, os conceitos de valor, ideal e educação, por meio de seu conteúdo e funções, são integrativos.

Glossário – Unidade 2

Arbitrariedade – baseia-se na oportunidade em vez de ser planejada ou baseada na razão; quando se usa o poder pessoal sem limites, não levando em conta os desejos de outras pessoas.

Axiologia – ramo da Filosofia que trata da natureza e dos tipos de valor, como na ética, religião, moral, estética e metafísica.

Cultura – conjunto de costumes, moral, códigos e tradições de um tempo e lugar específicos; sinônimo de alto grau de gosto, conhecimento e interesse em artes, literatura e outros campos acadêmicos; artes e outras manifestações da realização intelectual humana considerada coletivamente; hábitos, tradições e crenças de um país ou grupo de pessoas.

Democracia – sistema de governo que trabalha para a população, ou para todos os membros elegíveis de um estado, normalmente através de representantes eleitos; forma de governo que rege as pessoas seja diretamente ou por intermédio de representantes eleitos.

Gestão – processo de lidar com ou controlar as coisas e/ou pessoas; estar no controle de um escritório, loja, equipe, instituição etc.; maneira como algo é cuidadosamente manuseado, tratado, supervisionado; ato de se responsbilizar por uma instituição ou grupo.

Ideologia – sistema de ideias e conceitos, especialmente aqueles que formam a base da teoria e da política econômica ou política; ciência das ideias; estudo da sua origem e da natureza; conjunto de crenças ou princípios, especialmente aquele em que um sistema político, partido ou organização é baseado.

Sociedade – pessoas que vivem juntas em uma comunidade basicamente ordenada; organização ou um clube formado para uma finalidade ou atividade particular; situação de estar na companhia de outras pessoas; grande grupo de pessoas que vive no mesmo país ou região e têm as mesmas leis, tradições, etc.; definido como grupo de pessoas que vive em comunidade ou em grupo organizado para um propósito comum.

Teologia – estudo da natureza de Deus e crenças religiosas; conjunto de crenças sobre uma religião em particular; coleção de crenças religiosas ou estudo de Deus e das religiões.

Valor – diz respeito à importância ou utilidade de algo; princípios ou padrões de comportamento de uma pessoa; julgamento do que é importante na vida.

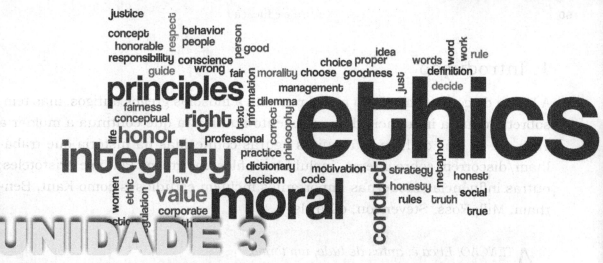

UNIDADE 3
UMA ANÁLISE HISTÓRICA E SOCIAL

Capítulo 1 Introdução, 50

Capítulo 2 Filosofia, a história da ética, 51

Capítulo 3 Do ceticismo à influência do cristianismo, 55

Capítulo 4 A ética moderna, 58

Capítulo 5 Da construção de valores às representações sociais contemporâneas, 60

Capítulo 6 Unesco: Programa de Educação em Ética, 63

Capítulo 7 Considerações finais, 65

Glossário, 67

1. Introdução

A busca do conhecimento da moral remonta a filósofos gregos antigos, mas tem, sobretudo, uma influência do pensamento iluminista que continua a moldar a ética até os dias de hoje. Há muitas figuras conhecidas na história que trabalham/discorrem sobre o tema, incluindo os filósofos gregos Platão e Aristóteles; outras influências modernas importantes incluem estudiosos como Kant, Bentham, Mill, Ross, Stevenson, e Rawls.

A TENÇÃO! Ética é, antes de tudo, um termo.

Muitas pessoas pensam que a ética tem que ver restritamente com um conjunto de convenções sociais ou um tipo de decreto religioso. Entretanto, a Filosofia não considera que essa seja a melhor definição para ela. A sua história na Filosofia poderia ser chamada simplesmente de estudo do que é bom e do que é ruim, preocupando-se com a descoberta de um sistema que pode ser usado justamente para determinar quem ou o que é bom.

Diferentes abordagens procuram identificar e definir o bom: a natureza das propriedades morais, a fonte do conhecimento moral e o *status* de fatos morais todos têm desempenhado um papel importante na formação de vários ramos da teoria moral. As três principais divisões da filosofia ética são conhecidas como a ética da virtude, a **deontologia** e o consequencialismo.

Diretivas éticas da sociedade e da Igreja não se qualificam por si só enquanto éticas filosóficas genuínas, embora uma instrução qualquer tenha sempre, quase que inevitavelmente, conotações éticas. Uma norma ética pode não caber em certas escolas do pensamento, mas algumas dessas escolas podem estar equivocadas quanto a esse tema. Há ainda a constatação de que todas as religiões são éticas por natureza, uma vez que a melhor definição para a palavra religião está na tentativa de se descobrir e buscar o bem. A grande questão sobre o que é o certo tem uma resposta construída por uma lei, e as leis, de certa forma, são sempre expressões do pensamento religioso.

Como muitas vezes a ética é indistintamente chamada de moral, se preocupa principalmente com esse campo da ação individual. A maior parte das teorias éticas tenta desenvolver um sistema de obrigações que o ser humano tem para com os outros. As que são mais comuns entre diferentes teorias são a de dizer a verdade, a de ajudar aquele que se encontra em perigo, e a de não matar. Naturalmente, a 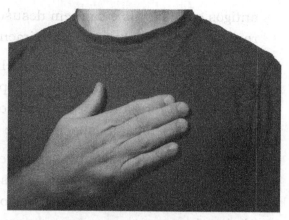 maioria delas permite alguma flexibilidade em função de determinada situação.

2. Filosofia, a história da ética

A história da ética está ligada à tentativa da Filosofia em responder ao questionamento de Sócrates de como se deve viver. E essa é uma questão geral que qualquer indivíduo faz, embora nem todas as respostas para essa questão sejam do tipo ético, e ela é respondida com base em diferentes teorias. A ética normativa é geralmente dividida em três categorias principais: ética da virtude, consequencialismo e deontologia.

Aristóteles propôs a chamada ética da virtude, uma noção que já era uma parte da cultura grega. Ele abraçou a visão de que o homem bom é aquele que vive de forma a permitir-lhe avançar para um ponto ou estado de caráter atrativo, o *télos*, e o caminho para alcança-lo é viver uma vida virtuosa. Essa teoria percebe a virtude com base nas intuições humanas do senso comum, sobre quais traços do caráter são admiráveis, como a benevolência, a bondade, a compaixão, e que se pode identificar quando se olha para as pessoas que admiramos – nossos exemplos de moral.

Ela encontrava-se atrelada ao **Eudemonismo**, originado pelo próprio pensador e que define a ação correta como aquela que leva ao bem-estar e que pode ser conseguida por meio de uma vida inteira de práticas virtuosas nas atividades diárias, sem prejuízo do exercício da sabedoria prática. Ela foi defendida pela primeira vez por Platão e é particularmente associada às ideias de Aristóteles; tornou a abordagem predominante para o pensamento ético nos períodos

antigos e medievais e caiu em desuso no início do período moderno, ensaiando recentemente, um breve ressurgimento.

Na mesma linha da virtude aristotélica encontramos a Ética do Cuidado, que foi desenvolvida principalmente por pesquisadoras feministas e apela para uma mudança na forma como enxergamos a moral e as virtudes, como cuidar dos outros, a paciência, a capacidade de encorajamento, o autossacrifício etc.

A segunda teoria normativa mais relevante foi o Consequencialismo, e o seu foco são as consequências das ações. Essa teoria vai dizer que o homem tem a obrigação de ajudar porque esse ato produz um resultado melhor do que não ajudar. Argumenta que a moral de uma ação depende do seu resultado. Assim, uma ação moralmente correta é aquela que produz um bom resultado ou uma boa consequência. Teorias consequencialistas devem considerar questões como "Que tipo de consequências vale como boas consequências?", "Quem é o beneficiário primário de uma ação moral?", "Como são as consequências de julgamentos e quem as julga?". Algumas dessas teorias são:

1. utilitarismo, de John Stuart Mill, que busca matematizar a ética, quantificando o que pode ser útil, e que ele define como "felicidade" ou "prazer";

2. hedonismo, que postula que o princípio da ética é maximizar o prazer e minimizar a dor, podendo variar daqueles que defendiam a autogratificação independentemente da dor e do custo para os outros e sem se importar com o futuro para aqueles que acreditavam que a busca mais ética maximiza o prazer e a felicidade para o maior número de pessoas. Em algum lugar no meio desse *continuum*, observou-se que a indulgência indiscriminada às vezes resulta em consequências negativas, como a dor e o medo, que devem ser evitados;

3. Epictetus postulou que os maiores bens do homem eram o contentamento, a serenidade e a paz de espírito, o que poderiam ser alcançados através de autodomínio sobre alguns desejos e emoções, e pelo desapego das coisas materiais. O sexo e o desejo sexual, em particular, deveriam ser evitados por ser a maior ameaça à integridade e equilíbrio da mente de um homem. De acordo com ele, dificuldades da vida não deveriam ser evitadas, mas abraçadas como se fossem exercícios espirituais necessários para a saúde do espírito;

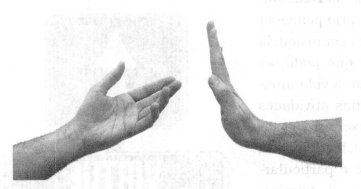

4. o egoísmo, que afirma que uma ação é certa se ela maximizar o ego com o "bom". Assim, o egoísmo pode licenciar ações que são boas para indivíduo, mas prejudiciais para o bem-estar geral. Pode ser individual, sustentando que todas as pessoas devem fazer tudo o que lhes beneficiam; pessoal quando ele age em seu próprio interesse, mas não faz referência quanto ao que qualquer outra pessoa deveria fazer; e universal quando afirma que todos devem agir voltados para o interesse próprio;

5. ascetismo, que é, em alguns aspectos, o oposto do egoísmo, na medida em que descreve uma vida caracterizada pela abstinência dos prazeres egoístas, especialmente para alcançar uma meta espiritual;

6. o altruísmo estabelece que um indivíduo deva tomar decisões que tenham as melhores consequências para todos, exceto para si próprio, segundo o ditado de Auguste Comte: "viver para os outros". Assim, os indivíduos têm a obrigação moral de ajudar, servir ou beneficiar os outros e, se necessário, com o sacrifício do próprio interesse pessoal; e

7. consequencialismo negativo, que se concentra em minimizar consequências ruins em vez de se preocupar em promover as que são notadamente boas. Isso pode exigir uma intervenção ativa (para evitar danos) ou apenas a anulação passiva de maus resultados.

A terceira teoria ética normativa é a Deontologia, e seu principal apoiador foi Kant. É o estudo das obrigações em um sentido muito restrito. Ela tenta adivinhar, a partir da razão, as obrigações que cada homem tem, simplesmente porque ele é um ser racional. Kant primeiro defende o que ele chama de imperativo categórico, e que é possível derivar outras máximas universais que servem para a fórmula "em uma situação X, faça Y".

Podemos citar como algumas teorias deontológicas, além do Imperativo Categórico de Kant: (1) Teoria do Comando Divino (Descartes e os calvinistas do século XVIII), que afirma que uma ação só é correta se Deus decretou que ela assim seja, e que um ato é obrigatório se for ordenado por Ele. Assim, surgem as obrigações morais dos mandamentos de Deus; (2) Teoria dos Direitos Naturais (Thomas Hobbes e John Locke), que sustenta que os seres humanos têm direitos absolutos, naturais (direitos universais, inerentes à natureza da ética, e não dependentes de ações humanas ou de crenças); (3) Deontologia plu-

ralista (Ross, 1877-1971), que argumenta que há sete deveres que precisam ser levados em consideração no momento de decidir que obrigação deve ser posta em prática: a beneficência, não-maleficência, justiça, auto aperfeiçoamento, reparação, gratidão e à promessa de manutenção; e (4) Ética contratualista, que afirma que as normas morais derivam sua força normativa da ideia de contrato ou acordo mútuo.

Além dessas grandes teorias normativas, outras doutrinas filosóficas merecem destaque no contexto histórico e social da ética. O Cinismo, por exemplo, remete a uma antiga doutrina que pode ser melhor exemplificada pelo filósofo grego Diógenes de Sinope, que vivia nas ruas de Atenas. Ele ensinou que uma vida vivida de acordo com a Natureza era melhor do que aquela trilhada conforme as convenções, e que a vida simples é que é essencial para a virtude e para a felicidade. Ele enfatizou o desprendimento de conceituações convencionalmente consideradas como sendo boas.

O **Ceticismo** Pirrônico ensinava que não se pode racionalmente decidir entre o que é bom e o que é ruim, embora, em geral, o interesse próprio é o principal motivo do comportamento humano, e está inclinado a confiar na sinceridade, na virtude ou no altruísmo enquanto motivações.

Por fim, citamos o **Humanismo**, com sua ênfase na dignidade e no valor de todas as pessoas e a sua capacidade para determinar o certo e o errado puramente pelo apelo às qualidades humanas universais (principalmente a racionalidade).

Pode ser rastreado em Thales, Xenophanes de Colophon (570-480 a.C), Anaxágoras, Pericles (495-429 a.C), Protágoras, Demócrito e o historiador Tucídides (460-375 a.C). Todos esses pensadores gregos têm em comum o afastamento de uma moral espiritual baseada no sobrenatural e, sobretudo, corroboram os seus pensamentos na direção de que as crenças devem ser formadas com base na ciência e na lógica, e não serem influenciadas pela emoção, autoridade, tradição ou **dogma**.

3. Do ceticismo à influência do cristianismo

Há uma série de pontos de vista sobre como a religião e a ética estão relacionadas – desde a visão da religião enquanto alicerce absoluto da ética, para aquela que defende que essa última é baseada em pressupostos humanísticos justificados principalmente (às vezes unicamente) pela razão. Esses dois extremos tendem a ser argumentados de forma a oferecer pouco espaço para soluções pragmáticas de problemas reais que enfrentamos no dia a dia.

A relação entre religião e ética remete à relação entre revelação e razão. O dilema religioso baseia-se, em alguma medida, na ideia de que Deus (ou alguma divindade superior) revela percepções sobre a vida e o seu verdadeiro significado.

Esses *insights* são recolhidos em textos (a Torá, a Bíblia, o Alcorão etc.) e apresentados como revelação. Em uma perspectiva estritamente humanística, a ética baseia-se nos princípios da razão: qualquer coisa que não pode ser racionalmente verificável não será considerada justificável. Esses princípios são sustentados pelo valor da promoção de indivíduos independentes e responsáveis – pessoas que são capazes de tomar decisões que maximizam o seu próprio bem-estar, respeitando o dos outros.

Mesmo que a ética religiosa e a secular não encontrem a sua autoridade na mesma fonte, necessitamos encontrar uma maneira de estabelecer uma linha comum entre elas, caso contrário, estaremos condenados a viver em meio à divisão e à discórdia social.

É possível acomodar as exigências da razão e da religião por meio do desenvolvimento de certas qualidades que trazem a ética para as nossas discussões éticas diárias. Para Aristóteles, cultivar qualidades (chamadas por ele de virtudes) como a prudência, a razão, a aco-

modação, o compromisso, a moderação, a sabedoria, a honestidade e a veracidade entre outras, e inserir as discussões e os conflitos entre religião e ética permitiria a moderação e o acordo onde existissem diferenças. Não pode haver qualquer tipo de ganho quando do embate entre ética e religião e, uma vez que encontram espaço para uma discussão robusta, maximizam as perspectivas de escolhas construtivas para a sociedade.

Tomando como exemplo os fundamentos do cristianismo, de acordo com a crença de um homem comum, a moral e a ética são princípios comportamentais dos seres humanos que determinam o que é certo e o que é errado. Essa corrente religiosa está ligada a um determinado conjunto de regras e regulamentos que tenham sido impostos pelo "todo poderoso". Para o cristão, é necessário seguir princípios que imponham no indivíduo senso de moral e comportamento ético específico.

As práticas éticas no cristianismo evoluíram durante a época romana, pois foi o período em que os cristãos primitivos faziam parte do Império Romano. Essas práticas centram-se principalmente na graça, na misericórdia e no perdão. Um cristão deve ter pensamentos e ações respeitáveis e honrosos, e devem se abster de cometer qualquer pecado. As três virtudes indicadas na *Bíblia* incluem a fé, a esperança e amor. No entanto, outras quatro virtudes foram adaptadas, incluindo a justiça, a coragem, o temperamento e a prudência.

De acordo com o *Novo Testamento*, Deus é o poder supremo, autônomo, independente e autoexistente. O homem deve ter completa crença e amor para com Deus, sem restrições no coração, mente e alma. Ele direciona os indivíduos a amar o próximo como a si mesmo e a moral refere-se ao bem e ao mal, sendo o bem o próprio Deus. Não há outra forma legítima, genuína e absoluta exceto Ele.

Deus se revela e, somente Ele, pode definir o caráter de bondade do homem. Podemos ter completa compreensão e conhecimento da bondade apenas se conhecemos a Deus através de Jesus Cristo. Bondade não é uma estrutura estática, mas um estado dinâmico que flui constantemente. Logo, principalmente na modernidade, a questão da ética e da moral no cristianismo é debatida pelas pessoas tanto da velha escola que querem assegurar os preceitos bíblicos, quanto pelos progressistas que desejam fazer ajustes de acordo com o tempo e as situações.

O sistema ético cristão é rigorosamente uma ética da virtude. Para muitos pode parecer surpreendente, pois a tendência é associar o cristianismo como estritamente moralista – regras que devem ser seguidas. O cristianismo pode ser visto, então, como uma religião baseada em regras. Essa associação vem, em parte, do conteúdo bíblico dos Dez Mandamentos, que parecem ser orientados a serviço (deontológico) da natureza. Também vem do fato de que muitos cristãos (e não cristãos) aprenderam sobre o cristianismo durante a infância, e as crianças, por sua vez, normalmente veem a ética através de uma lente deontológica. Elas associam o fazer o bem com a obediência aos mandamentos dos pais. Têm medo de quebrar as regras por causa do perigo de se meter em problemas. Logo, para elas, a ética é sinônimo de seguir regras.

Se pressionados, muitos cristãos dirão que a *Bíblia* tem ambos os conteúdos: deontológico e o conteúdo ético da virtude. Essa divisão recai provavelmente à divisão entre testamentos, sendo o Antigo aparentemente baseado em regras. Contudo, de fato, tanto o Novo quanto o Antigo Testamento são completamente característicos da virtude ética e, um dos grandes erros teológicos é ver qualquer um deles (ou ambos) como deontológico.

No Novo Testamento, o núcleo da ética da virtude aparece com bastante clareza em uma ampla variedade de passagens. O sermão da montanha, por exemplo, é uma poderosa descrição de argumento em favor da ética da virtude. A *Epístola de Paulo aos Romanos* é o golpe de misericórdia contra uma visão deontológica da ética cristã. Se as leis são tão eficientes em fazer as pessoas boas, Paulo argumenta, então, por que elas sempre falham nessa competência. Porque, na verdade, elas agravam o mal nas pessoas.

Para o cristianismo, a ética não é apenas uma questão filosófica. Significa que a imagem de Deus como **legalista** deve ser lançada ao chão, juntamente com as demais imagens falsas. Deus parece estar claramente preocupado com o comportamento, mas Ele o vê como uma mera expressão do homem. O cristianismo cunhou um termo para designar as pessoas cujas ações pareciam boas, mas cujo núcleo era mal: hipócrita. Esse é o tipo de acusação de um especialista em virtude ética contra a deontologista: a condenação de alguém que quer ser bom contra alguém que simplesmente quer agir de uma forma boa.

4. A ética moderna

Surpreendentemente, a ética, tanto moderna quanto tradicional, é como as faces de uma mesma moeda. Assim, não se deve tentar antagonizá-las, mas vê-las como eles são – não como dois valores contrastantes, mas valores ligados e interligados desde o alvorecer da ética moderna. Essa ética poderia ser vista como o desenvolvimento lógico e natural estimulado pela ética tradicional. O que era errado ontem é considerado certo hoje, e o que era certo ontem está

errado hoje. Isso acontece porque o nosso pensamento evolui, e mesmo vivendo em uma era pós-modernista, não significa que a ética perdeu o seu significado. Certamente, diferenças ou particularidades são facilmente observadas, mas sem Filosofia não haveria ética, pois ela é um dos ramos mais importantes da Filosofia – o grande ponto.

Trata-se de ética o estudo de vários diversos e costumes de uma pessoa ou de um grupo de pessoas, além da utilização de conceitos diferentes, e dois deles sendo os conceitos sobre o que está certo e o que está errado. Não há como negar que o cristianismo tem contribuído muito para a evolução da ética moderna, desenvolvendo e moldando a ética tradicional. No entanto, a ética moderna, não surpreendentemente, se afasta de meras interpretações religiosas de fatos e eventos.

Desde os antigos gregos, a ética tradicional evoluiu para a ética do cristianismo, sempre mudando o que era concebido enquanto bom ou mau, certo ou errado. Era mais emocional e menos racional ou política. A ética moderna, que por sua vez evoluiu da tradicional, ainda se encontra estudando o bom e o mau, o certo e o errado, mas por meio de uma abordagem mais racional em oposição ao que era puramente emocional. Critérios empíricos tornaram-se os critérios de escolha, sendo essa ligação entre esses critérios o objeto de estudo da própria ética. Somente os critérios pelos quais o julgamento é feito mudaram.

Muitos **estereótipos** certamente retratam alguma verdade, mas quase sempre há bastante espaço para uma melhor compreensão das diferenças e semelhanças nessa questão em particular. Para ser mais preciso, é verdade que a Filosofia mais antiga diz respeito à questão vital de como viver uma vida boa e se tornar uma pessoa virtuosa, agindo de acordo com as virtudes éticas. No entanto, a ideia de que a ética da virtude não lida com ações e, portanto, não é capaz de fornecer respostas concretas aos problemas éticos é prematura.

Uma virtude ética, de acordo com Aristóteles, precisa ser completamente internalizada pelo seu agente através de muitas ações do mesmo tipo para que a pessoa seja capaz de realizar uma disposição mais firme. Em outras palavras, uma pessoa valente, que tem a virtude da coragem, tem de realizar muitas ações corajosas na área do

medo e da confiança, a fim de realizar uma disposição de valentia. Executar as ações apropriadas é a única maneira de poder fazer isso. Na verdade, as teorias morais modernas estão bastante focadas na questão do que se deve fazer em uma situação particular e, geralmente, não prestam muita atenção à questão de viver uma vida boa.

Pode-se afirmar que o interesse próprio e os interesses em outras pessoas não estão em contraste na antiga ética, mas convergem para uma ideia objetiva do bem. A linha tênue entre questões morais que dizem respeito aos interesses de outras pessoas e questões éticas que dizem respeito ao bem-estar do agen-

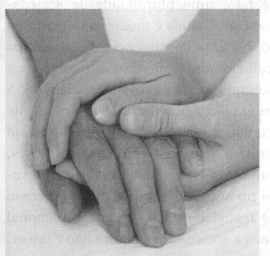

te particular é desfigurada para além do reconhecimento. Na ética moderna, no entanto, há uma diferença clara porque a questão da boa vida é secundária, e não é sistematicamente importante para a questão de como se deve agir em uma situação particular.

Teorias morais modernas são bastante subjetivas quanto ao caráter e, portanto, não possuem os fortes compromissos de teorias da virtude ética relativos à sua base mais objetiva, bem como às suas reivindicações relativas ao elitismo e da desvalorização do senso comum moral. O resultado pode ser uma diferença sistemática entre a ética antiga e a moderna, particularmente quanto ao modo em que os problemas morais são resolvidos, mas a ideia de que a primeira é egoísta e nunca apela para as ações deve ser descartada.

De acordo com a ética antiga, uma pessoa completamente virtuosa que é, portanto, portadora de todas as virtudes éticas, é incapaz de agir de maneira não virtuosa. Sempre será a senhora de suas emoções e, em geral, nunca será inundada por suas emoções; caso assim fosse, poderia tê-la levado a agir de uma maneira não virtuosa. Já o utilitarismo (tipo de ética moderna), por exemplo, faz, de forma convincente, distinção entre a avaliação do caráter de uma pessoa e as suas ações. Pode facilmente acontecer de uma pessoa moralmente ruim executar uma ação moralmente correta, ou que uma pessoa moralmente boa venha a executar uma ação considerada errada.

5. Da construção de valores às representações sociais contemporâneas

As representações sociais e sistemas de valores do homem moderno até o indivíduo pós-moderno são exemplos de como a sociedade não é estática. Costuma-se dizer que é uma transição do tradicional para o moderno. As mudanças sociais são observadas no tempo em que afeta de forma sustentável a estrutura ou função da organização social de uma comunidade em particular, mudando o curso da sua história e sendo um fenômeno notadamente coletivo, uma vez que afeta a sociedade nas condições de vida e nos aspectos cognitivos.

É um equívoco dizer que a mudança social é simplesmente a transição de algo tradicional para o moderno. Há, de fato, uma pluralidade de sociedades tradicionais e modernas. Além disso, há uma coexistência de elementos tradicionais e modernos dentro, por exemplo, de uma mesma sociedade. A imigração é um fator permanente de tradições no sentido de que o homem tende a ficar tenso em suas tradições, enquanto essas podem cair em desuso no seu país de origem. O processo de transição da sociedade tradicional para a sociedade moderna não é linear.

De um ponto de vista ideológico, essa passagem tem sido associada à ideia de progresso.

Alguns componentes apontam para um processo de transformação social, como é o caso da mudança da ação prescritiva sobre a ação eletiva. É importante diferenciar a norma do direito, pois, ao contrário da norma, a lei tem uma unidade formal para assegurar o seu cumprimento. No entanto, as normas podem ter um poder mais amplo do que as próprias leis. A prescrição padrão mostra o que se deve fazer, enquanto a proscrição padrão remete ao que não se deve fazer.

As normas e as leis são, por vezes, antagônicas. Nas sociedades tradicionais, pode-se dizer que um esquema de ação único é imposto ao indivíduo (como o trabalho, o casamento etc.). Todas as decisões relativas à vida são organizadas pelo grupo. O indivíduo atua como seu representante. Por exemplo, em algumas sociedades tradicionais, o filho mais velho recebe um determinado nome, porque o que importa é a filiação e a continuidade, enquanto hoje o que é importante é a individualidade e a originalidade.

Estudiosos da Psicologia Social entendem que uma sociedade que não conhece a ação prescritiva não observa nenhuma mudança. De um lado, nas sociedades tradicionais, há pouca ou nenhuma escolha pessoal, o que parece uma situação intolerável. No entanto, essas sociedades não conhecem os distúrbios psicológicos que conhecemos (depressão, ansiedade, suicídio etc.). Por outro lado, o modelo eletivo é baseado na escolha. Todas as decisões que são o suporte para orientarmos a direção de nossas vidas dependem de nós. O indivíduo toma as rédeas de sua vida, embora o sistema normativo continue a desempenhar o seu papel.

Com a Revolução Francesa, o homem acredita que pode guiar a sua própria vida. Desde a tenra idade ele é instruído a escolher uma profissão, ignorando qualquer tipo de Determinismo social, e o trabalho é visto como uma **vocação**. O determinismo tem se tornado mais sutil, por exemplo, ajudando estudantes universitários ou desempregados no desenvolvimento de projetos profissionais, enquanto eles são incapazes de se projetar por causa desses tipos de situações. Bourdieu afirma que as nossas escolhas, nossos gostos e tudo o que rege a nossa vida depende dos nossos hábitos.

A palavra-chave para o tradicionalismo parece ser a permanência, ou seja, a reprodução de modelos idênticos. Qualquer alteração é considerada uma ameaça para a organização social, uma vez que o que importa é a referência ao passado, às origens. Como ilustração, têm-se as pessoas idosas como aqueles que detêm o poder. Por outro lado, nas sociedades modernas os dilemas seguidos são a mudança, o efêmero, o novo, ou seja, quanto mais as coisas mudam, mais as pessoas idosas vão sendo excluídas, porque o seu conhecimento é considerado obsoleto. Esse movimento não deixa de ser uma forma assombrosa de apagar rapidamente o passado. A transição da indiferença à especialização funcional é um traço forte que marca a construção das sociedades contemporâneas.

Nas sociedades tradicionais há, por exemplo, uma interdependência das instituições, com uma estrutura muito segmentada no que diz respeito às funções dos indivíduos, onde todos sabem os seus papéis. A família educa as crianças e ensina-lhes um trabalho. Trata-se de transmissão do tipo pai para filho. Em regimes totalitários, por exemplo, tornar-se um político, significa fazer parte da família do ditador daquele lugar. A legitimidade provém exclusivamente dos laços familiares, não havendo ruptura entre as esferas do trabalho e familiar. A família é, portanto, a instituição básica em todos os níveis dessa sociedade. No modelo social **contemporâneo**, as instituições foram especializadas. A família tornou-se especialista no afeto. Ela educa, mas não necessariamente fornece o cuidado e a escolaridade, o que, de certa forma, reduz o papel da família ao mundo dos sentimentos.

Quanto à religião, a grande pergunta que se faz é: por que ainda acreditamos? Para muito estudiosos, a religião corresponde a uma necessidade humana para dar sentido à existência, à presença no mundo. O indivíduo busca um ponto de referência, que é uma espécie de grade de leitura para a compreensão do meio em geral. Ela estrutura as comunidades, porque, além dos sentidos, a religião prescreve e proíbe por meio de normas e valores. A identidade assume três formas: pessoal, social e cultural. Baseia-se na singularidade. No entanto, se o indivíduo desejar estabelecer uma diferença (eu/outro), é também motivado a se identificar com um grupo que compartilha dos mesmos valores, da mesma cultura (nós/eles).

A religião pode ser vista como uma produção social que faz parte do processo de transmissão (inter)geracional que envolve diferentes agentes ou instâncias da socialização. Entretanto, as sociedades ocidentais atuais parecem experimentar um enfraquecimento dos antigos sistemas de crenças (religiosas e, até mesmo, científicas), e o desenvolvimento de sistemas de crenças paralelas estão mais próximos do racional que do espiritual. Essa situação seria motivada pelo desejo de desenvolvimento do conhecimento dos indivíduos. Os padrões de pensamento são flexíveis e adaptam-se às exigências da situação. De acordo com um contexto, uma motivação, o indivíduo terá como referência o padrão de adequação que atenda aos critérios do raciocínio científico ou, por outro lado, favorecerá uma forma de pensamento mágico que melhor satisfaça os critérios da eficiência.

No mais, o ser humano, singular, é também um sujeito ético e, portanto, social. Embora seja pessoal e único, é responsável por seus atos comportando, no mesmo nível de profundidade, a dimensão social e política que realiza a convivência. A construção de uma dimensão social, tradicional ou contemporânea envolve, em algum nível, princípios éticos nas relações de trabalho, nos meios de comunicação, nas ideologias, na intervenção social, nas diferenças sociais e, principalmente, na justiça.

6. Unesco: programa de educação em ética

Desde a década de 1970, o campo da bioética tem crescido consideravelmente. Embora seja verdade que hoje ele inclui questões majoritárias de ética médica, a sua origem vai muito além de uma conduta específica, envolvendo vários profissionais de diferentes áreas. Trata-se de uma reflexão sobre mudanças em todas as esferas da sociedade e, até mesmo, sobre os saldos globais provocados pela própria evolução científica e tecnológica. Além de questionamentos relacionados à origem do homem, no campo das Ciências da Vida, devemos acrescentar outras questões que dizem respeito à relação entre ética, ciência e liberdade.

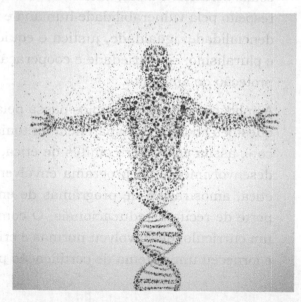

O debate internacional sobre o assunto é caracterizado cada vez mais por um número crescente de práticas científicas que ultrapassam as fronteiras nacionais, pela necessidade de se estabelecer diretrizes éticas universais que possam cobrir todos os problemas no campo da bioética, e pela necessidade de se trabalhar para a urgência do surgimento de valores comuns. A configuração padrão no campo da bioética é sentida em todo o mundo e, muitas vezes, expressa por cientistas, legisladores e cidadãos.

Os Estados-membro, em particular, têm uma responsabilidade não só na reflexão bioética, mas também na elaboração de qualquer tipo de legislação subsequente. Embora seja verdade que, em matéria de bioética, esses membros tenham adotado leis e regulamentos para proteger a dignidade humana e os direitos e liberdades dos seres humanos, outros países desejam estabelecer pontos de referência para definir um quadro legislativo ou regulamentar, mas às vezes não dispõem de meios para alcançá-lo.

Em 2003, durante a 32ª sessão da Conferência Geral da Unesco, certo número de Estados-membro manifestaram a necessidade de iniciar e apoiar o ensino de programas éticos não apenas no campo da bioética, mas em toda a educação científica e profissionalizante. No ano seguinte, com base nessas recomendações e declarações, a entidade iniciou o Programa de educação ética.

O principal objetivo das atividades da Unesco recai sobre a construção de um propósito geral, aumentando as capacidades dos Estados-membro em relação à educação ética. Trata-se de uma meta em longo prazo. No biênio 2004-2005, por exemplo, as atividades no domínio da educação ética se concentraram na Europa Central e Oriental; no biênio seguinte, 2006-2007, a prioridade foi o sudeste da Europa e uma parte da região árabe.

A Declaração Universal sobre Bioética e Direitos Humanos traz alguns princípios como: benefício e dano; autonomia e responsabilidade individual; consentimento; respeito pela vulnerabilidade humana e integridade pessoal; privacidade e confidencialidade; igualdade, justiça e equidade; respeito pela diversidade cultural e pluralismo; solidariedade e cooperação; responsabilidade social e da saúde; e proteção do ambiente.

A aplicação desses princípios passa pela tomada de decisão e enfrentamento de questões éticas – transparência na tomada de decisões, diálogo e debate público –, assim como por comitês de ética, e as primeiras ações realizadas para o desenvolvimento do programa envolveram o mapeamento de especialistas em ética, amostragem de programas de ensino, treinamento de professores e suporte de recursos educacionais. O comitê de assessoramento ético identificou um currículo, desenvolveu normas e critérios para avaliar programas de ensino e forneceu um sistema de certificação para o programa.

As primeiras áreas contempladas com o projeto foram à bioética, ética odontológica, ética de engenharia, ética ambiental, ética e direito, ética e ciências sociais, ética médica, ética de enfermagem, farmácia ética e ética filosófica. O programa de treinamento de professores atendeu à consciência da dimensão normativa, sensibilidade moral, boa conduta, identificação de questões morais, conhecimento/informação, compreensão/explicação, análise/raciocínio, justificação/argumentação e reflexão crítica.

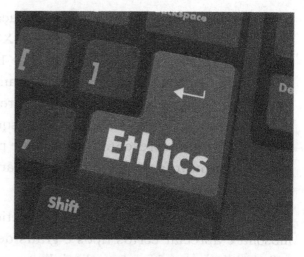

Os documentos da Unesco utilizados nos programas foram: Declaração Universal sobre o Genoma e Direitos Humanos, Declaração Internacional sobre Dados Genéticos Humanos e Declaração Universal sobre Bioética e Direitos Humanos.

Desde o seu envolvimento na promoção da reflexão internacional sobre a ética das ciências da vida, na década de 1970, a Unesco continua a desenvolver e a fortalecer os vínculos entre cientistas, legisladores e sociedade civil para ajudar os Estados-membro a estabelecer políticas saudáveis e fundamentadas em questões de ética da ciência e da tecnologia.

7. Considerações finais

A ética teve início com o começo da humanidade. No cerne da religião, os ensinamentos de Adão incluíram todos os princípios éticos dos nossos dias. O primeiro crime cometido na Terra foi uma grande culatra para aqueles ensinamentos que garantiam castigo e maldição para o irmão assassino. Desde então, qualquer sociedade humana incluí princípios éticos que dizem o que todos devem ou não fazer.

O conceito de ética médica foi estabelecido no Egito Antigo, pelo médico e engenheiro Amen-Hu-Tep, proeminente da Quinta Dinastia, que construiu a Pirâmide Sakara e foi adorado posteriormente como um deus. Há muitos papiros que descrevem como a conduta médica deve seguir preceitos da verdade, da justiça e da harmonia universal.

Mais de 2000 anos depois, surgiu o conhecido Hipócrates. Seu juramento ainda é afirmado na maioria das escolas médicas em todo o mundo por aqueles que estão começando a carreira em Medicina. Ele deu início à famosa doutrina "Primeiro não fazer mal" e incluiu muitos princípios éticos que regem as práticas médicas.

Na história moderna, a ética de investigação foi ramificada da ética médica, devido à extensa pesquisa feita no século XX. Diretrizes éticas foram criadas em resposta a um lapso ético. O Código de Ética de Nuremberg foi iniciado após a Segunda Guerra Mundial, com o julgamento de médicos nazistas, em 1947, mesmo ano em que a declaração dos direitos humanos foi assinada em Genebra. Os médicos nazistas realizavam pesquisas desumanas em campos de concentração, o que representou um choque para o mundo à época. Com a Unesco, a ética passou a fazer parte de outras áreas do conhecimento, especialmente para os seus Estados-Membros.

Diante das várias correntes teóricas da ética, vislumbrá-la enquanto um tipo de filosofia é apreciar certos tipos e graus de semelhanças metodológicas. A Filosofia se distingue de outras disciplinas, em grande parte, tanto pelas questões quanto pelos métodos que utiliza para prosseguir na busca das suas respostas. Identificamos a Filosofia no momento em que deparamos com ela, e podemos distingui-la, na prática, com bastante facilidade a partir de qualquer uma das disciplinas cujas linhas desfocam às vezes o seu território (estudos religiosos, Antropologia, Economia, Psicologia, Sociologia etc.).

A Filosofia não é primordialmente uma disciplina empírica. Suas verdades são normalmente detectáveis, não exclusivamente por apelo a que os nossos sentidos podem nos dizer. Nós não esbarramos em conceitos universais como o livre-arbítrio, pois não podemos vê-lo, ouvi-lo ou tocá-lo. Podemos encontrar alguma razão para negar a existência de tais coisas, mas não porque não estamos certos de como elas se parecem. Rejeitar essas coisas da nossa ontologia, ou ratificar a sua inclusão nela, é algo que nenhum cientista é capaz de fazer. Essas coisas são tratadas de uma forma prioritária.

Como a ética é um ramo da Filosofia, temos uma excelente razão para pensar que os princípios éticos fundamentais compartilham do mesmo estatuto dos princípios filosóficos fundamentais. Quando procuramos saber se algo é certo ou errado, admirável ou vicioso, nós certamente queremos saber o que está acontecendo no mundo. A evidência dos nossos sentidos pode nos dizer que a felicidade tem sido maximizada, ou que as palavras de uma promessa foram proferidas, mas isso é apenas o começo, não o fim de nossas investigações éticas.

Ao verificarmos as normas básicas que regem a aplicação dos predicados morais, apenas anunciamos secundariamente o que os físicos e botânicos afirmam. As condições em que as ações são corretas, e os motivos e boas características, não são confirmados pelas pessoas com jalecos de laboratório. São confirmadas por aqueles que pensam filosoficamente. E muito do que se pensa, especialmente quando se está focado em princípios fundamentais, é realizado sem depender do que podemos ver, ouvir ou tocar.

Glossário – Unidade 3

Ceticismo – atitude cética; dúvida quanto à verdade de algo; a teoria de que certo conhecimento é impossível; dúvida de que algo é verdadeiro ou útil; atitude geral de desconfiança ou dúvida.

Contemporâneo – que vive ou ocorre ao mesmo tempo; pertencente ou ocorrendo no presente; existente ou o que acontece agora; existente ao mesmo tempo ou no período presente.

Deontologia – estudo da natureza do dever e da obrigação; teoria ética em que a moralidade de uma ação deve ser baseada em se a própria ação é certa ou errada sob uma série de regras, em vez de basear-se nas consequências da ação.

Dogma – princípio ou conjunto de princípios estabelecido por uma autoridade como sendo indiscutivelmente verdadeiro; algo que é fixo, especialmente na religião, crença específica ou conjunto de crenças que se espera que as pessoas aceitem sem quaisquer dúvidas.

Estereótipo – imagem ou ideia simplificada de um tipo particular de pessoa ou coisa; a ideia fixa que as pessoas têm sobre alguém ou como é alguma coisa, especialmente uma ideia negativa.

Eudemonismo – sistema de ética que se baseia no valor moral sobre a probabilidade de que as boas ações irão produzir felicidade; doutrina ética em que a felicidade pessoal é o principal bem e o objetivo de uma ação. Tal felicidade é concebida em termos de bem-estar com base na autorrealização virtuosa e racional.

Humanismo – visão ou sistema de pensamento que anexa primordial importância a assuntos humanos, em vez de divinos ou sobrenaturais. Conjunto de crenças humanistas que sublinham o valor potencial da bondade dos seres humanos, enfatizam as necessidades humanas comuns, e buscam formas exclusivamente racionais para resolver problemas humanos; crença de que as necessidades e os valores humanos são mais importantes que as crenças religiosas, ou as necessidades e desejos dos seres humanos.

Legalismo – aderência excessiva à lei ou à alguma fórmula; adesão rigorosa e, muitas vezes, demasiadamente estrita e literal à lei ou a um código; a doutrina da salvação pelas boas obras.

Vocação – forte sentimento de adequação para uma carreira ou profissão em particular; chamado para fazer algo, especialmente em relação ao trabalho religioso.

UNIDADE 4
A ÉTICA NA ADMINISTRAÇÃO PÚBLICA

Capítulo 1 Introdução, 70

Capítulo 2 O estado democrático de direito, 71

Capítulo 3 Princípios constitucionais e atividade pública, 75

Capítulo 4 A administração e os agentes públicos, 78

Capítulo 5 Controle e gestão na atuação da administração pública, 80

Capítulo 6 Considerações finais, 84

Glossário, 87

Referências, 88

1. Introdução

A manutenção da dignidade e dos valores da democracia é ter fé na própria dignidade e no valor do ser individual, como um fim em si próprio, acreditando que é melhor ser regido pela persuasão em vez da coerção; é acreditar que a boa vontade fraterna é mais digna do que um espírito egoísta e contencioso e crer que, em longo prazo, todos os valores são inseparáveis do amor e da verdade por meio de uma busca desinteressada. Essa mesma dignidade confere conhecimento e poder que devem ser usados para promover o bem-estar e a felicidade de todos os homens, em vez de servir aos interesses dos indivíduos e das classes para quem pela fortuna e inteligência foram dotados de **vantagens** temporárias – são esses os valores confirmados pela ideologia democrática tradicional.

Contudo, esses valores são mais velhos e mais universais do que a própria democracia e não dependem dela. Eles têm vida própria para além de qualquer sistema social em particular ou tipo de civilização. São valores que, desde a época de Buda e Confúcio, Salomão e Zoroastro, Platão e Aristóteles, Sócrates e Jesus, os homens comumente utilizam para medir o avanço ou o declínio das civilizações, valores que facilmente se prestam à justificação racional, embora necessariamente não necessitem de justificação.

Ética e Deontologia são muitas vezes confundidas nas organizações públicas. Apesar de constantes e significativos esforços conceituais, a confusão permanece sempre presente. Por conseguinte, esse problema compromete o desenvolvimento da ética no serviço público, pois essa não pode estar baseada apenas em um conjunto de regras legais.

Na verdade, particularmente no contexto da autonomia e de uma maior responsabilização dos membros do serviço público diante de um quadro de gestão estabelecido por lei(s) de administração pública, parece essencial que os funcionários reflitam sobre a missão de sua organização para os fins e valores que ela carrega. Esse deve ser o caso quando, diante de uma dificuldade ou incerteza, a aplicação da regra não é óbvia ou leva a consequências indesejáveis, pois pode não estar adaptado ao que o funcionário esteja enfrentando.

2. O estado democrático de direito

Por Estado de Direito entende-se a organização estatal onde todos, inclusive os governantes, se submetem ao domínio da lei. Em sua origem, ele apresentava conceito bem mais **liberal**, de onde advém a expressão comum Estado Liberal de Direito, e tinha como principais características a garantia dos direitos individuais, a submissão ao domínio da lei e a divisão dos poderes, constituindo, até os dias de hoje, postulados elementares do Estado de Direito.

Contudo, quando falamos em Estado Liberal de Direito, por esse ser excessivamente neutro e formal e atuar quase que exclusivamente nos planos jurídico e político, sem interferir na ordem econômica e social, observamos que ele cometia injustiças sociais descomunais, advindas dessa recusa de participação. Logo, para que se realizasse a justiça social, evoluiu para o que conhecemos como Estado Social de Direito, muito mais atuante, e que tinha como objetivo a promoção da harmonia entre as classes trabalhadoras e patronais para que se pudesse retomar o equilíbrio entre o trabalho e o capital.

A questão é que o termo "social", aberto a significados diversos, incorre em uma visão particular do que seja o social, para cada ideologia em particular. Um exemplo disso é que até mesmo o nazismo foi considerado como Estado Social de Direito, mesmo que questionemos se, de fato, a democracia estava ali presente. Diante do exposto, nem sempre o Estado Social ou o Liberal podem caracterizar um Estado Democrático, uma vez que esse implica o princípio da soberania popular exigindo a participação operante e concreta do povo na coisa pública, o que vai muito além da **constituição** simplória de instituições que sejam representativas.

> ATENÇÃO! A sociedade livre, solidária e justa é a base do Estado Democrático de Direito, como se encontra em nossa Constituição, quando diz que o poder deve emanar do povo, e ele ou o seu representante eleito exercê-lo.

A democracia deve promover a justiça social, sendo a **legalidade** um princípio fundamental, fazendo com que a lei influencie na realidade social do povo, deixando de estar restrita às normas abstratas.

A verdadeira democracia é participativa e envolve uma crescente participação da sociedade na construção dos atos do governo no processo decisório. Ela deve ter caráter pluralista, respeitando ideias diversas. Visa a um processo de liberação do ser humano contra qualquer forma de opressão. Os princípios que firmam o Estado Democrático de Direito são os sistema de direitos fundamentais; o princípio da justiça social, a igualdade e legalidade; a divisão de poderes; o princípio da constitucionalidade; a segurança jurídica e o princípio democrático.

Trata-se, sobretudo, de uma possibilidade de organização estatal, sucedendo o Absolutismo em razão das revoluções dos séculos XVII e XVIII, sobretudo a Revolução Francesa; um modelo cujo embrião é Carta Magna, uma vez que no século XIII já assinalava os elementos essenciais do constitucionalismo moderno, qual seja a limitação do poder do Estado, além da declaração dos Direitos Humanos. Contrapõe-se ao absolutismo na medida em que não permite a con-

fusão entre o poder e quem o exerce, o que faz surgir, então, a ideia da supremacia da Constituição.

Essa supremacia expõe o caráter vinculante de direitos essenciais como elementos que caracterizam o Estado Constitucional, ou seja, um modelo estatal que se fundamenta no robustecimento de uma justiça substancial e na força normativa dos princípios. Há, contudo, uma separação do que seja Estado de Direito e Estado Democrático de Direito, pois o primeiro se satisfaz com o respeito à lei, o que reflete o espírito liberal que pretendia uma prestação estatal negativa. Ele também se caracteriza pela junção, a um só tempo, de direitos humanos em dimensões consecutivas, comportando também uma postura assertiva do Estado.

No Ocidente, seja qual for o modelo de Estado, ele encontrar-se-á inscrito na Constituição, que é o parâmetro de atuação que contém as normas de funcionamento, organização e distribuição da atribuição que relata direitos fundamentais.

A Constituição da República Federativa do Brasil também é importante por assegurar, ainda no seu preâmbulo, um Estado Democrático de Direito, o que implica a divisão de poderes na esfera constitucional e, na processual, alude ao contraditório e ao sensato andamento do processo. Esse recorte pode ser bem entendido na leitura do artigo 2º da Carta Política, em que aponta para a independência e harmonia entre si dos poderes da União, quais sejam o Legislativo, o Executivo e o Judiciário. Embora único, o poder se triparte na sua execução.

Essa harmonia é assegurada para que cada um tenha a sua área de pertença precípua respeitada. Ao Legislativo cabe criar as leis, ao Executivo colocá-las em prática e ao Judiciário analisar a correta aplicação. É regra geral, sendo assim obrigatoriamente acatada. Quanto às funções anômalas, são atribuições atípicas e exceções que devem confirmar regras, e não se tornar regras por si só.

Não por acaso, o Poder Legislativo é escalado em primeiro lugar na enumeração dos poderes. Significa que esse deve à Constituição a sua existência e recebe dela os seus poderes, os quais serão nulos se os seus atos não estiverem em conformidade com ela. Por vivermos em uma democracia participativa, o exercício pleno da função legislativa é mais que importante. As leis representam – ou ao menos devem representar – as aspirações da população, sendo tarefa simples entender a função legislativa – uma representação do povo a qual criará normas que funcionem para o coletivo.

Por sua própria razão de ser, o Poder Judiciário não tem competência legislativa, mas assumiu a função de legislar após a Emenda Constitucional n. 45, quando se faz óbvio o conteúdo legislatório dos significados depreendidos das súmulas vinculantes. Sendo tanto quanto o Legislativo, cria da Constituição, deve, portanto, estar em conformidade com ela. Tendo a Constituição brasileira estabelecido a Dignidade da Pessoa Humana como seu fundamento, o seu núcleo irradiador faz com que toda a lógica jurídica tenha, por fundamento, questões de cunho material, o que faz que procedimentos que sejam fins em si próprios não se mostrem legítimos. A morosidade processual necessita ser entendida do ponto de vista da razoabilidade, utilidade e proporcionalidade, assentando-se a conjectura de peremptória celeridade.

O sistema jurídico de um Estado Democrático de Direito, em especial para o seu subsistema jurídico-administrativo, está estruturado com a devida abertura para novas questões, por vezes inseguras e imprevistas nas regras constitucionais e legais, que exigem a interpretação e posterior aplicação dos princípios constitucionais. São situações que pareceriam insolúveis, ou mesmo injustas, se fossem observadas tão somente com as amarras de regras constitucionais e legais; muitos seriam os *déficits* de legitimidade e justiça e tantas outras situações esdrúxulas e incontornáveis não fossem os comandos de aprimoramento dos princípios constitucionais, uma vez que ordenam que o Direito (e os direitos) se realize(m) da melhor maneira possível, desde que dentro de limites jurídicos e parciais do ordenamento **normativo**.

Faz-se necessário conjugar limitações, que são constitucionais, e uma ordem processual advinda das súmulas vinculantes, o que corresponde afirmar que o direito tem de ter poder de decisão, não bastando a sua garantia material sem as vestes do direito processual. Essas questões de ordem processual devem conciliar as limitações que estruturam o próprio sistema democrático. Com isso, para o Estado Democrático de Direito, importa que os poderes sejam exercidos por quem tem a competência para tal. E mais, ele carrega o compromisso com a isonomia rigorosa, relacionada à igualdade em sentido material.

ATENÇÃO! No Estado Democrático de Direito, o segredo para a correta atividade administrativa é rejeitado pelo princípio da publicidade dos atos administrativos; a certeza e segurança das expectativas dos indivíduos são asseveradas pelo princípio da legalidade; o privilégio abusivo e a discriminação indevida são condenados à ocorrência do princípio da impessoalidade; a lealdade e honestidade administrativa, e a retidão nas ações são estabelecidas pelo princípio da moralidade administrativa;

o atendimento salutar e eficaz dos serviços públicos, a agilidade, a regularidade e a continuidade de sua presteza e as demandas de seus cidadãos se refletem no aprimoramento imperativo do princípio da eficiência. Todos eles, quando espelhados expressamente no texto constitucional federal, ratificam o Estado Democrático de Direito em nível jurídico, constitucional e administrativo.

3. Princípios constitucionais e a atividade pública

Na atualidade, são os princípios constitucionais que compõem alguns dos temas de maior relevância em nosso país. Nunca esses debates, em todas as instâncias da sociedade, foram endereçados à dissecação jurisprudencial, doutrinária e normativa. Nenhum setor (do Direito) foge à força conformadora, à primordialidade de análises para a sua compreensão e aplicação acertadas diante das situações desafiadoras apresentadas, particularmente, pelo Direito Administrativo e pelo Constitucional.

Esses princípios, dentre outros, remetem ao objetivo substancial do constitucionalismo, qual seja o controle da atuação administrativa em face dos Direitos da Pessoa Humana, o controle do poder político, da sociedade organizada e toda a sua demanda por educação, saúde, segurança, moradia, lazer, justiça e demais partes que compõem o leque de valores circundantes da mínima esfera de dignidade aceita por cada indivíduo, em especial para aquele que é desprovido de recursos materiais suficientes à sua própria subsistência e de sua família.

Principalmente no cenário acadêmico nacional, e a partir da década de 1990, foi possível sentir, fortemente no Brasil um rico movimento científico e cultural na direção e em prol dos princípios; esse movimento baseia-se, sobretudo, na recente doutrina nacional, e novamente alimenta pontos tendentes a esclarecer o papel desses princípios constitucionais no âmbito do Direito Administrativo, ou as chamadas atividades jurídico-administrativas.

Os princípios constitucionais são multifacetados, cumprem papéis variados de ordem jurídica e vinculam a prática de alguns atos jurídico-públicos como atos administrativos, leis e sentenças. Eles relacionam tanto as ações dos três poderes públicos em todas as esferas (federal, estadual e municipal) quanto dos poderes privados. São concretizados por meio dos processos legislativo, admi-

nistrativo e judicial, além do método privado de interpretação e aplicação pelos particulares. O caráter multifuncional está também em ganhar eficácia na sua realização.

Podemos destacar três pontos distintos, mas convergentes quanto aos princípios: (1) possuem caráter complementador de brechas normativas, uma vez que pode emprestar comandos para que se encontre o correto critério à solução de problema que necessite de norma jurídica; (2) são condutores de sentido interpretativo preponderantes às normas (constitucionais e demais normas) e fatos, e impõem que o intérprete, diante de dubiedades jurídicas concretas, empreste à resolução o sentido mais concordante com o mandamento principiológico; e (3) são paramétricos, pois auxiliam no grau de aferimento da validade/invalidade dos atos administrativos e privados, das sentenças e das leis, podendo emprestar fundamento jurídico em vários tipos de ações.

Poderes, órgãos ou **agentes** públicos, autoridade constitucional ou legal, ou pessoa privada, nenhum desses está livre das suas forças vinculantes e normativas; devem se sujeitar aos seus ditames, em conformidade com o grau de densidade de cada norma constitucional arrendada de princípio jurídico. Logo, sob a pena da invalidade, as sentenças, leis e atos administrativos e privados devem-lhe obediência.

A Constituição Federal (ou Estadual e, até mesmo, Municipal para quem acredita que as leis orgânicas dos municípios configuram-se como várias constituições), envolve complexa teia de princípios próprios à área do Direito Constitucional, além de vários outros que se expandem pelo campo da ciência jurídica. Aqui brotam o que se conhece como princípios constitucionais gerais e/ou específicos às particulares especializações do Direito.

Nesse caminho, especialmente para os princípios constitucionais setoriais, verificam-se os princípios de índole processual civil, penal, tributária, previdenciária, financeira e administrativa. No que se referem aos princípios jurídico-administrativos, eles irão regular toda a atividade administrativa, a produção de atos e processos administrativos, assim como a atividade realizada pelo Estado, em convergência com o Direito Constitucional e o Direito Administrativo, na busca de fins públicos.

Alguns desses princípios jus-administrativos foram adicionados pelas Leis Orgânicas dos Municípios, ou pelas Constituições Estaduais e pela Constituição Federal, de maneira expressa ou implícita; operam, portanto, hodiernos níveis de regulação e vinculação que eram, até então, desconhecidos pelos juristas brasileiros.

Sua importância para a atividade administrativa **estatal** pode ser em parte observada nos seguintes exemplos de submissão aos princípios constitucionais: (1) os julgamentos realizados pelos Tribunais de Contas e por Casas Legislativas; (2) o processo ético-parlamentar; (3) os procedimentos e atos praticados pela Ordem dos Advogados do Brasil (OAB); (4) a operação ético-partidária de Partidos Políticos; e (5) as **condutas** desenvolvidas por Comissões Parlamentares de Inquérito.

Certamente, as operações que giram em torno de funções desempenhadas pela Administração Pública, direta e/ou indireta, autarquias, fundações e seus agentes, estão submetidas a esses princípios, e quase a totalidade dessas instituições se reproduz nos níveis municipal, estadual e federal.

Na doutrina jurídica contemporânea, princípios são vistos enquanto normas jurídicas de impositividade e vinculação. Acredita-se que as regras e princípios derivam da norma e se distinguem entre si pelo grau de densidade normativa. Nas Constituições, portanto, eles adquirem *status* constitucional, tornando-se fundamento do sistema jurídico. A teoria especializada reconhece a existência de princípios expressos e implícitos no texto constitucional; eles são expressamente referidos e inferidos dos enunciados normativos tendo, ambos, igual grandeza jurídica, associando igualitariamente as pessoas e entes referidos.

Considerando os princípios constitucionais que incidem sobre a atividade jus-administrativa, pode-se também distinguir as regras dos princípios constitucionais de índole jus-administrativa com a mesma característica enquanto princípios administrativos expressos e/ou implícitos. O seu núcleo pode ser exposto nos níveis constitucional fundamental, geral e setorial que incidem sobre o campo do Direito Administrativo ou, especificamente, sobre as atividades estatais.

É necessário atentarmos para o fato de que a Administração deve regrar os seus atos pelos princípios enumerados na Constituição Federal, em seu artigo 37. Logo, os princípios constitucionais que demarcam a atividade administrativa são:

1. Legalidade, que aponta para a subordinação à lei e às exigências do bem comum por parte do administrador público, não podendo dele se afastar, o

que pode configurar o ato inválido, além da exposição às responsabilidades criminal, civil ou disciplinar;

2. Impessoalidade, ou princípio da finalidade, que obriga o administrador público a praticar o ato apenas para o seu fim legal, sendo esse especificamente indicado por norma de Direito. Ele também proíbe qualquer promoção pessoal de servidores ou autoridades públicas sobre execuções administrativas;

3. Moralidade, que compõe, atualmente, o pressuposto de validade de todo ato da Administração Pública;

4. Publicidade, que remete à divulgação oficial do ato para a ciência, assegurando efeitos externos, e objetivando assegurar o conhecimento e controle pelos interessados diretos, ou pessoas em geral, por meio de esferas constitucionais;

5. Eficiência, que exige que a atividade administrativa seja realizada com celeridade, completude e rendimento funcional. Sendo o mais moderno entre os princípios, não se satisfaz em ser desempenhado somente com legalidade; exige resultados positivos para o serviço público e o atendimento suficiente das necessidades da sociedade.

Dado que é por meio das atividades realizadas pela Administração Pública que o Estado alcança o seu propósito, são os seus agentes públicos os responsáveis por assentimentos governamentais, além da execução dessas escolhas. Logo, tais atividades não podem desvirtuar as suas finalidades, o que faz com que a Administração Pública se sujeite às normas constitucionais e às leis especiais. Todo esse aparato de normas obriga comportamento ético e moral por parte desses agentes, que servem ao Estado.

4. A administração e os agentes públicos

A Administração Pública pode ser entendida como bloco de órgãos estabelecidos para consecução dos propósitos do Governo; ou, ainda, o conjunto das atividades necessárias aos serviços públicos em geral, em seu sentido material. Do ponto de vista operacional, é entendida pelo desempenho sistemático e duradouro, técnico e legal, de atividades próprias do Estado ou assumidas por ele em benefício de todas as comunidades. É, portanto, todo o apresto do Estado preordenado para a promoção de serviços, em vistas à satisfação das necessidades da sociedade em geral.

Ela pratica atos de execução (e não atos de governo) com autonomia em maior ou menor grau, conforme a competência do órgão e de seus agentes. Embora o Governo comande com incumbência política e constitucional, não tem responsabilidade profissional pela execução; a Administração executa com a responsabilidade técnica e legal necessárias e é o que o Estado dispõe enquanto instrumento para pôr em prática as escolhas políticas do Governo.

Diante do exposto, temos ainda patente que é a Administração Pública quem manifesta a ação do Estado, pois ela coloca em prática as resoluções políticas de seus governantes. Assim sendo, faz-se necessário que toda a máquina administrativa funcione com ética, responsabilidade e eficiência para que o Estado cumpra as suas finalidades de promoção da justiça social. Para o desempenho dessas atividades, entram em cena os agentes públicos que irão apresentar e executar os seus atos de governo, visando concretizar o bem comum a que se propõe.

Entende-se como agente público aquele que se encontra no cumprimento de uma função estatal, por vínculo profissional ou por representação política, em se tratando de estar investido para a delegação de serviço público, ou ainda por ter sido escolhido para desempenhar alguma atribuição. Eles podem ser classificados em agentes políticos, administrativos, honoríficos, delegados e credenciados.

Os agentes políticos são aqueles que compõem o Governo nos seus primeiros escalões. São investidos mandatos ou comissões, funções, cargos, eleição, nomeação, designação ou delegação para o exercício de responsabilidades constitucionais, atuando com total liberdade funcional no desempenho de suas obrigações com prerrogativas e responsabilidades próprias, definidas por leis especiais ou na Constituição.

Vinculados por relações profissionais ao Estado, ou ainda às suas autarquias e fundações, encontram-se os agentes administrativos, estando esses, sujeitos ao regime jurídico determinado pelo ente estatal a qual pertencem e à hierarquia funcional. A investidura se dá em regra por nomeação (em casos excepcionais por credenciamento ou por contrato de trabalho), enquanto tipo de emprego com retribuição pecuniária. Eles não são, portanto, membros de Poder de Estado, não exercem atribuições políticas ou governamentais, nem representam o Estado, são tão somente servidores públicos, de maior ou menor hierarquia, e têm diferentes cargos e responsabilidades profissionais dentro da instituição a qual pertence.

Dá-se o nome de agente honorífico a todo cidadão que é convocado, nomeado ou designado à prestação (transitória) de determinados serviços para o Estado, em face de notória capacidade profissional, honorabilidade ou de sua condição cívica, embora sem qualquer vínculo estatutário ou mesmo empregatício e, quase sempre, sem remuneração.

Há agentes particulares que recebem a missão de realizar determinada atividade, serviço público ou obra, em nome próprio e por conta e risco, mas seguindo normas de Estado e sob constante fiscalização; são os agentes delegados.

Outros, ainda, recebem a responsabilidade da Administração, representando-a em determinada atividade específica ou ato particular, mediante remuneração; são os agentes credenciados.

Sendo assim, pode-se afirmar que a atividade administrativa, no geral, é consubstanciada a gerenciar bens próprios ou alheios e, em se tratando dos bens públicos, deve pautar-se nos exatos limites da moralidade, tendo o agente público o dever de atuar em conformidade com os princípios constitucionais inseridos no artigo 37 – legalidade, impessoalidade, moralidade, publicidade e eficiência.

5. Controle e gestão na atuação da administração pública

Com vistas a assegurar que a Administração Pública trabalhe em conformidade com os princípios normativos que lhe são impostos, ela se deve sujeitar à fiscalização dos demais Poderes e, sobretudo, exercer vigilância sobre os seus atos. Entende-se, de fato, que todos os Poderes estão sujeitos a esse tipo de controle, caso os seus atos aconteçam no exercício de ações tipicamente administrativas.

Com os instrumentos de ação delegados pela Constituição, a Administração pode prover o procedimento de controle, objetivando a defesa de interesses individuais e coletivos, mesmo que esse tipo de controle seja atribuição basicamente estatal. O Ministério Público cumpre respeitável papel no controle de atos administrativos, e é considerado atualmente o órgão melhor aparelhado para tal fim, muito pelo fato de o artigo 129 da *Carta Magna* ter-lhe atribuído tais funções, além do poder de denúncia das autoridades públicas que praticam crimes no exercício de suas funções. Possui ainda competência para efetuar o inquérito civil, solicitar **diligências** do tipo investigatórias e realizar ação civil pública que tenha como função a repressão de atos de **improbidade** administrativa, resguardando interesses difusos e coletivos.

A lei atribui poderes e deveres aos órgãos públicos para o controle dos atos advindos da Administração, sendo que esses não podem ser renunciados para que não haja a responsabilização pela omissão. Esse controle envolve fiscalização e reparação dos atos ilegais, além daqueles considerados como inconvenientes ou inoportunos ao interesse público. Não se trata de controle externo, senão aquele realizado pelos Conselhos que integram determinada instituição controlada, o que não prejudica o controle (esse sim externo) exercido pelos Tribunais de Contas; limita-se, pois, ao controle de certos órgãos, a atividade administrativa e aos atos do Judiciário e do Ministério Público, o que não envolve atos jurisdicionais ou judiciais.

O controle da Administração Pública pode ser melhor compreendido como tipo de poder que atende à fiscalização e correção exercidas sobre os órgãos dos Poderes Judiciário, Legislativo e Executivo; tem por objetivo a garantia da conformidade de atuação que deve estar conectada aos princípios que lhe são impostos por ordenamento jurídico.

Após a edição da Emenda Constitucional n. 45/2004, o Conselho Nacional do Ministério Público e o Conselho Nacional de Justiça passaram a realizar o controle das atuações administrativa e financeira, além do cumprimento de deveres funcionais do Ministério Público e do Judiciário. Compete-lhes o zelo pela aplicação das leis relativas a esses dois últimos órgãos. Essa Emenda criou as ouvidorias

com o propósito de estimular a atuação do Ministério Público e dos Conselhos Nacionais de Justiça, utilizando-se de denúncias ou reclamações de quaisquer interessados.

O controle parlamentar ou legislativo caracteriza-se enquanto eminentemente político e financeiro, e tem por objetivo a proteção dos interesses da sociedade e do Estado, e que são exercidos pelos órgãos legislativos – Câmaras de Vereadores, Assembleias Legislativas e Congresso Nacional –, ou mesmo por Comissões Parlamentares, a fim de analisar a conveniência e a legalidade pública de certos atos do Executivo.

É exercido no interior de expressa previsão constitucional, o que evita possíveis interferências entre os poderes, e que prepara o equilíbrio entre esses, no conhecido sistema de pesos e contrapesos; a aprovação de um orçamento e o acompanhamento de sua execução é um exemplo de controle dos atos de um poder por outro. Esse controle conta, ainda, com o auxílio do Tribunal de Contas para a fiscalização contábil, financeira e orçamentária dos demais poderes, de órgãos e instituições que administram as receitas e despesas públicas.

O controle judicial – realizado privativamente pelo Poder Judiciário – interfere sobre atos da Administração com o objetivo de preservar a sua legalidade, alcançando, ainda, atos do Poder Executivo, Legislativo e do próprio Judiciário quando caracterizam atos de natureza administrativa.

A legalidade do ato administrativo é atributo principalmente para a sua validade e, portanto, pede o controle de tais atos na busca por assegurar a adequação com as normas atinentes – princípio da legalidade –, com a moralidade da instituição – princípio da moralidade –, com a sua destinação (pública) – princípio da finalidade –, assim como na sua divulgação – princípio da publicidade –, e na presteza e produtividade funcional – princípio da eficiência. Quando se desvia ou se contraria qualquer desses princípios, a Administração deve editar o chamado ato viciado de ilegalidade, o que o considera susceptível de anulação, pelo Judiciário, se estimulado, ou mesmo pela própria Administração.

Algumas ações específicas, além das vias judiciais comuns, como a Ação Civil Pública, o Mandado de Segurança, a Ação Popular, o *habeas data*, o *habeas corpus*, e as ações de controle concentrado de constitucionalidade estão dispostas à reparação de danos derivados de atos públicos ilegais. O Poder Judiciário e/ou a Administração Pública pode anular atos ilegais, o que é pacífico em nossa doutrina, sendo que o conceito de ilegitimidade, para tal fim, não está restringido somente pela violação frontal da lei. Além de envolver a notória violação do texto legal, abrange também o abuso, pela exploração ou desvio de poder ou por rejeição dos princípios gerais do Direito, principalmente aqueles do regime jurídico administrativo.

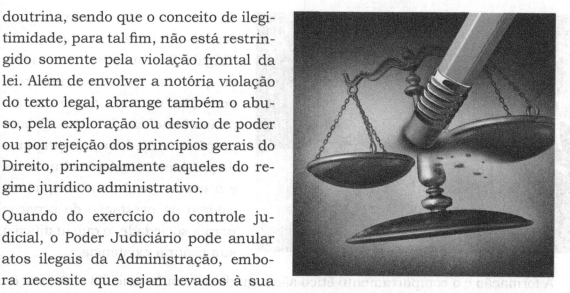

Quando do exercício do controle judicial, o Poder Judiciário pode anular atos ilegais da Administração, embora necessite que sejam levados à sua apreciação por meio de processos, tendo ampla revisão, exceto quando o objeto do julgamento está restrito ao exame da lesividade ou legalidade; não poderá, portanto, adentrar no mérito de conveniência e oportunidade para a edição desse tipo de ato.

Outras restrições são colocadas ao Judiciário quando da ciência de atos políticos, ou seja, praticados por agentes do Governo e destinados à gerência dos negócios públicos, ou quando também funda-se em ampla liberdade de apreciação de conveniência e oportunidade; nesse caso, o controle judicial deve realizar-se apenas sobre a análise quanto à lesividade a direito individual e/ou ao patrimônio público, não ultrapassando a esfera dos fundamentos políticos de tal ato.

Com a Carta Constitucional de 1988, a Administração Pública vem efetuando políticas com foco na austeridade, revisão de práticas e estruturas burocráticas de governabilidade. Esse tipo de gestão engloba a preparação dos agentes públicos à prestação de serviços eficientes notadamente de interesse público, contemplando uma postura governamental que busca uma tomada de decisões políticas responsáveis, além de ações profissionais sensatas por parte de todo o funcionalismo público.

O controle passa pelo campo educacional, em que princípios de ética pública podem ser capazes de atrair, positivamente, ao serviço público, pessoas capacitadas para o desempenho de uma gestão direcionada ao coletivo; processos seletivos para o ingresso na carreira pública devem estar ancorados tanto no mérito quanto na capacidade do futuro funcionário.

Uma atitude direcionada ao serviço e interesse pelo coletivo são elementos primordiais para a cultura administrativa. O talento e o entendimento se encontram na base de todos os interesses da ética pública e apontam para a relevância

do bom trabalho administrativo; carece de formação continuada dirigida à transmissão da ideia de que esse trabalho prima pela perfeição, uma vez que é realizado em benefício do outro. O bom propósito e a educação aprimorada presidem as relações humanas e a gestão na Administração, no esforço da prestação de serviços para a sociedade, o que justifica a sua própria existência.

A formação e o comportamento ético são ingredientes substanciais na busca de fórmulas educativas que possibilitem que essa disciplina se incorpore nos programas universitários que antecedem o acesso à função pública, estando igualmente presente na formação continuada do funcionário, devendo fazer parte da práxis do serviço público; constitui valor deontológico a potencialização do orgulho sadio que ocasiona uma identificação do funcionário com os objetivos do órgão no qual trabalha. Aparece enquanto lealdade institucional, e compõe o elemento capital, ou seja, um compromisso que está no centro de uma gestão pública que almeja a manutenção de comportamentos éticos.

A atuação pública deve ser dirigida pelo princípio da igualdade, abstendo-se de qualquer tipo de discriminação, atuando em conformidade com o interesse público excluindo-se, ainda, a transmissão de informação confidencial ou qualquer outro tipo de privilégio, o que remete ao sigilo de ofício.

É de responsabilidade de todos a cobrança para que os órgãos públicos responsáveis pela fiscalização e tutela da ética na Administração Pública apresentem resultados positivos no desenvolvimento das suas funções de controle, observando e requerendo atitudes apensadas à moral pública por parte dos seus agentes públicos. O sistema de controle deve favorecer o acesso da sociedade às informações principalmente acerca da má gestão por parte dos agentes públicos, devendo o cidadão despertar para uma consciência política impulsionada pelo conhecimento de seus direitos, na busca de uma democracia plena.

6. Considerações finais

O Estado de Direito é a possibilidade de organização estatal quando o poder é exercido por quem de direito, retorna para a sociedade ou para o próprio Estado, assegurando a tutela jurisdicional com todas as garantias que lhe são pertinentes. Para tal fato, o contraditório e a duração razoável do processo necessitam de compatibilização, uma vez que são garantias fundamentais e visam a um entendimento que preserve a unidade constitucional.

O monopólio de jurisdição deve ser percebido enquanto obrigação de resposta e, sobretudo, da oferta de uma resposta rápida para que não se transforme em injustiça em vez de justiça. As restrições de cunho processual que venham a ser criadas para assegurar a indubitabilidade do processo são válidas, desde que não infrinjam o Sistema Democrático. O Estado de Direito é, sem dúvida, aquele que obedece à lei, não permitindo o engrandecimento do Poder Judiciário na direção de sobrepor o Poder Legislativo naquilo que a esse último compete.

Nos dias de hoje, observa-se que não há mais espaço para uma gestão que vai de encontro aos fins sociais do Estado Democrático de Direito por parte da Administração Pública. De certo, a gestão pública deve se fundamentar nos princípios constitucionais que regem a Administração, sujeitando ao controle administrativo, judicial e social os agentes públicos em todas as suas decisões e nas atividades administrativas realizadas no plano público.

Enfatiza-se, ainda, que para a definitiva implementação da ética na Administração Pública é imprescindível o discernimento da sociedade em geral, uma vez que todos os cidadãos devem realmente atuar na fiscalização e cobrar governabilidade moralmente correta e convincente. Essa mudança de comportamento, almejada para atingir esse fim maior, qual seja um padrão ético para a Administração Pública, que atue com eficiência e economia rigorosamente dentro dos princípios democráticos, será concreta com a mudança de pensamento e de significado do cidadão em geral.

É preciso investir na preparação e na atualização dos agentes públicos, proporcionando-lhes condições necessárias para o conhecimento de novas técnicas que sejam eficientes no serviço público. Esse, por sua vez, deve estar voltado ao interesse geral da sociedade, conseguido com a introdução e o aperfeiçoamento de instrumentos capazes de permitir acompanhamento dos atos administrativos, possibilitando, inclusive, a denúncia de maus gestores da coisa pública, opinando sobre possibilidades de melhorias. Há, sobretudo, a necessidade da mudança de comportamento do agente público para a identificação desse indivíduo com o fim social da Administração Pública, lutando pelo alcance dos objetivos almejados pelo Estado Democrático de Direito.

Controlar o poder impedindo-lhe de praticar injustiças ou compelindo-lhe à realização do que é justo, pode ser definido como a aspiração do atual Direito Constitucional e Administrativo, que se revela por princípios que sumarizam direitos fundamentais de prestações ou de defesa. Logo, há a necessidade da Administração Pública desenvolver constante controle sobre os atos editados, com o objetivo de preservar a moralidade pública e resguardar os direitos dos cidadãos.

O papel dos princípios constitucionais, em especial dos jurídicos-administrativos, é promover e conter a ação administrativa por meio de aprimoramentos principiológicos, potencializando a atuação das regras com interpretações que lhe são compatíveis e realizadoras.

Sendo assim, faz-se imperiosa a utilização e o respeito ao núcleo de princípios constitucionais próprios à atividade administrativa, a atenção e o conhecimento, para que não se frustrem as promessas e os objetivos do Estado Democrático de Direito. Isso é o que proporcionará confiabilidade, segurança, eficiência, transparência e legitimidade às relações entre as normas de foro estatal e aquelas de direitos fundamentais, entre a liberdade e a autoridade, e entre o Estado e a pessoa humana.

Glossário – Unidade 4

Agente – pessoa que age em nome de outra, em particular; pessoa ou coisa que tem papel ativo ou produz efeito especificado; alguém cujo trabalho é lidar com negócios para outra pessoa; alguém ou alguma coisa que faz com que algo aconteça; pessoa ou grupo de pessoas que representa outra pessoa ou que agem para outras pessoas.

Conduta – maneira como uma pessoa se comporta em uma ocasião particular ou em um contexto particular; ação ou forma de gestão de uma atividade ou organização.

Constituição – corpo de princípios fundamentais ou precedentes estabelecidos segundo os quais um estado ou outra organização é reconhecido e regulado; sistema de princípios e leis.

Diligência – trabalho ou esforço cuidadoso e persistente; diligência pública.

Estatal – de, provido por, ou preocupado com o governo civil de um país; uma das partes pela qual alguns países são divididos.

Improbidade – ação ou ato de maldade ou desonestidade.

Legalidade – qualidade ou estado de ser/estar em conformidade com a lei; qualidade, condição, ou instância de ser legal ou legítimo.

Liberal – aberto para um novo comportamento ou opiniões e disposto a descartar os valores tradicionais; algo que não é restrito.

Normativo – que estabelece, em relação a, ou provenientes de, um padrão ou norma, especialmente do comportamento; relativo às regras, ou fazer as pessoas obedecer às regras, especialmente aquelas de comportamento; padrão do que é normal.

Vantagens – serviço útil que os funcionários recebe além da sua remuneração; qualquer coisa que proporciona posição mais favorável, melhor oportunidade ou resultado favorável; remuneração.

Referências

ALTMAN, M. *Kant and Applied Ethics*: The Uses and Limits of Kant's Practical Philosophy. Oxford: Wiley-Blackwell, 2011.

ANDREI, P. Filosoftavalorii. In: *Opere sociologice*. Bucuresti: Editura Academiei Romine, 1973.

ANNAS, J. *Ancient Ethics and Modern Morality*. Philosophical Perspectives 6: 119-136, 1992.

AUDI, R. *Moral Knowledge and Ethical Character*. Oxford: Oxford University Press, 1997.

BEAUCHAMP, T; BOWIE, N. *Ethical theory and business*. Englewood Cliffs, Prentice Hall, 1988.

BOUDON, R. Le "paradoxedu vote" et lathéorie de larationalité, *Revue française de sociologie*, v. 38, n. 2, 1997, p. 217-227.

BRAGA, Pedro. *Ética, Direito e Administração Pública*. 2. ed. Brasília: Senado Federal, 2007.

BRASIL. *Constituição da República Federativa do Brasil*. Brasília, DF: Senado Federal: Centro Gráfico, 1988.

DI PIETRO, M. S. Z. *Direito Administrativo*. 12. ed. São Paulo: Atlas, 2000.

FIGUEIREDO, C. M. C. *Ética na Gestão Pública e Exercício da Cidadania*: o papel dos tribunais de contas brasileiros como agências de *accountability*. Disponível em: <http://unpan1.un.org/intradoc/groups/public/documents/CLAD/clad0044116.pdf >. Acesso em: 29 jun. 2015.

FLEISCHER, H. Marxismus und axiologie. *The Journal of Value Inquiry*, v. 2. Springer: Berlim, 1968.

HILLMAN, J. *O Código do Ser*: Uma Busca do Caráter e da Vocação Pessoal. Rio de Janeiro: Objetiva, 1997.

MACKIE, J. *Ethics*: Inventing Right and Wrong. New York: Penguin, 1977.

MEIRELLES, H. L. *Direito Administrativo Brasileiro*. 30. ed. São Paulo: Malheiros, 2005.

MIRANDA, Henrique Savonitti. Curso de Direito Administrativo. 3. ed. Brasília: Senado Federal, 2005.

MODESTO, P. Controle Jurídico do Comportamento Ético da Administração Pública no Brasil. *Revista Eletrônica sobre a Reforma do Estado (RERE)*, Salvador, Instituto Brasileiro de Direito Público, n. 10, junho/julho/agosto, 2007.

MOORE, G. E. *Principia Ethica*. Cambridge: Cambridge University Press, 1903.

_____. *Some Main Problems of Philosophy*. London: G. Allen &Unwin, 1953.

MULAS, A. Sanz. *Breves Reflexiones sobre Ética y Administración Pública*. Disponível em: <www.ucm.es/info/odsp/articulos/aa0001.pdf>. Acesso em: 27 jun. 2015.

NOBRE, R. F. Weber, Nietzsche e as respostas éticas à crítica da modernidade. *Trans/Form/Ação*, Marília, v. 26, n. 1, 2003, p. 53-86.

PREBISCH, L. (Org.). Interpretação: arbitrariedade ou probidade filológica? In: MARTON, S. (Org). *Cadernos Nietzsche* – n. 12. São Paulo: Gen, 2002.

ROSA, M. F. E. *Direito Administrativo*. 2. ed. São Paulo: Saraiva, 1999.

WEBER, M. *Économie et société*. Paris: Plon, 1971.

_____. Ensaios de sociologia. In: MILLS, W. GERTH, H. (Orgs.). Rio de Janeiro: Zahar, 1982.

WILLIAMS, B. *Ethics and the Limits of Philosophy*. Cambridge: Harvard University Press, 1985.

Rudson Edson Gomes de Souza

Pós-doutorando, doutor e mestre em Estudos da Linguagem pela Universidade Federal do Rio Grande do Norte (2018/2013/2010); especialista em Mídias na Educação pela Universidade do Estado do Rio Grande do Norte (2013); especialista em Psicopedagogia Institucional pela Universidade Castelo Branco/RJ (2006) e graduado em Letras - dupla licenciatura plena em Português, Inglês e Literaturas pela Universidade Federal do Rio Grande do Norte (1998).